예수님과 함께 걷는 삶

IVP(InterVarsity Press)는
캠퍼스와 세상 속의 하나님 나라 운동을 지향하는
IVF(InterVarsity Christian Fellowship)의 출판부로
생각하는 그리스도인을 위한 문서 운동을 실천합니다.

Originally published by Orbis Books
as *Walk With Jesus* by Henri Nouwen
© 1990 by Henri Nouwen
For the illustrations © 1990 by Sr. Helen David
Translated by permission of Orbis Books
Maryknoll, NY 10545, U. S. A.

Korean edition © 2000, 2020 by Korea InterVarsity Press
156-10 Dongkyo-Ro, Mapo-Gu, Seoul 04031 Korea.

예수님과 함께 걷는 삶 Walk With Jesus

Stations of the Cross

헨리 나우웬 | 김명희 옮김

lvp

차례

감사의 말 7

서문 9

서론: 나는 예수님과 함께 걷는다 13

1장 예수님이 사형 선고를 받으시다 19

2장 예수님이 십자가를 지시다 25

3장 예수님이 처음으로 쓰러지시다 31

4장 예수님이 마리아를 만나시다 37

5장 시몬이 십자가를 지고 가시는 예수님을 돕다 43

6장 예수님이 베로니카를 만나시다 51

7장 예수님이 두 번째로 쓰러지시다 57

8장 예수님이 예루살렘 여인들을 만나시다 63

9장 예수님이 세 번째로 쓰러지시다 69

10장 예수님의 옷이 벗겨지시다 75

11장 예수님이 십자가에 못 박히시다 81

12장 예수님이 십자가에서 죽으시다 87

13장 십자가에서 예수님을 내리다 93

14장 예수님을 무덤 속에 두다 99

15장 예수님이 부활하시다 105

기도 111

감사의 말

이 묵상집은 헬렌 데이비드 수녀가 그린 "십자가의 길"에 대한 응답으로 캐나다 온타리오주 리치몬드 힐의 요크 센트럴 병원에서 입원해 있던 3주 동안 거의 쓰였다. 매우 쌀쌀한 어느 날 아침 일하러 가기 위해 차를 얻어 타려고 서 있던 나는 지나가는 트럭의 백미러에 치여 갈비뼈 다섯 대가 부러졌고 비장을 잘라내야 했다. 당시에는 모두 불행한 사건처럼 보였다. 그러나 사실 그것은 위장된 축복이었다. 그 일로 인해 나는 해야 할 일에서 벗어나 예수님과 동료들에게 각별한 주의를 기울일 수 있었다. 이 묵상집을 쓴 것도 병원에 있는 동안 예기치 않게 얻은 열매 중 하나다.

  최근 몇 주 동안 힘이 되어 주고 다른 많은 일 가운데서도 원고 작업을 도와준 비서 코니 엘리스에게 깊이 감사한다. 이 묵상집의 편집을 우선으로 해 준 콘래드 위조렉에게도 많은 은혜를 입었다.

무엇보다 묵상집의 집필을 요청하고, 출간을 결정한 후 오랫동안 인내로 기다려 준 헬렌 데이비드 수녀에게 특별히 감사를 전한다. 오르비스 출판사의 편집장 로버트 엘스버그에게도, 그의 우정에 대해 그리고 헬렌 데이비드 수녀의 작품과 내 글을 멋진 책으로 묶는 데 기꺼이 협력해 준 것에 대해 감사하고 싶다.

서문

나는 헬렌 데이비드 수녀가 그린 "십자가의 길" 열다섯 점을 통해 예수님의 수난과 부활을 새로운 눈으로 볼 수 있었다. 우리는 동일한 십자가 형태의 창을 통해, 예수님이 우리의 형제자매들 가운데서 고통스럽지만 소망 있는 여정을 이어 가시는 모습을 발견한다. 날마다 세계 전역에서 사형 선고를 받고 납치당하고 굶주리고 버림받고 고문당하고 죽임당하는 우리 형제자매들 가운데서 말이다. 우리는 또한 이 동일한 창을 통해 암흑 가운데서 믿음, 소망, 사랑의 표현들을 볼 수 있다. 나는 긴 시간 동안 이 그림들에 주목하면서 다음과 같은 사실을 점차 깨달았다. 오늘날 우리가 너무 많은 나라에서 목격하는 고통과 기쁨은 성 금요일, 성 토요일, 부활 주일의 그 심오한 신비가 계속 계시되고 있는 것임을.

예수님은 "내가 땅에서 들리면 모든 사람을 내게로 이끌겠노라"(요 12:32)고 말씀하셨다. 모든 시대, 모든 장소에서 온 사람들은 고통받으시고 부활하신 예수님에게로 이끌림 받을 것이다. 진실로 예수님 자신이 받아들이지 않으신 고통이나 기쁨은 없다. 그리고 이 때문에 우리는 그 십자가라는 창을 통해 우리 세계를 볼 수 있고, 안타깝고 끔찍한 현실에도 절망하지 않고 맞설 수 있다.

헬렌 데이비드 수녀의 그림을 묵상한 것은 진정 은혜였다. 무엇보다 감동적이었던 것은, 이 그림들이 우리와 동떨어진 한 인간의 고통에 대해 우리 안에 죄책감을 일으키기 위해서가 아니라, 우리가 우리의 깨어진 인간성과 그림에 등장하는 남자, 여자, 아이들의 인간성을 하나 되게 하는 곳을 돕기 위해 그려졌다는 사실이다. 이 하나 됨은 고통당하시고 부활하신 예수님의 몸을 통해 가능해진다. 우리 세계는 예수님 안에서, 예수님을 통해서 하나 될 수 있다. 그분은 하나님의 사랑으로 우리 모두를 품으시고, 그분과 아버지가 하나이듯 우리 모두가 하나가 되기를 원하시기 때문이다(요 17:21을 보라).

나는 예수님께 시선을 고정시키고 이 묵상집을 썼다. 그분은 다수세계와 우리, 가난한 자와 부자, 건강한 이와 병든 이, 멀리 있는 이와 가까이 있는 이, 육체적 고통을 당하는 이와 내면의 고통을 당하는 이 사이에 있는 벽을 허물고자 하시는 분이다. 예수님의 마음은 인간의 고통의 정도와 깊이를 비교하지 않으신다. 누가 고통을 더 많이 당했는지, 누구의 아픔이 가장 큰지에 대해 의심하는 것은 무의미하다. 예수님은 모든 사람을 위해 그 모든 차이들과 함께 죽으시고 부활하셨다. 이는 모든 사람이 하나님의 영광 안으로 그분과 함께 들려 올림을 받을 수 있도록 하기 위함이다.

우리 주변 세상 전역에는 극심한 고통이 있다. 또 우리 안의 작은 세상에도 극심한 고통이 있다. 그러나 모든 고통이 그분께 속해 있으며, 그분은 그것을 영광스러운 상처로 바꾸신다. 그 상처는 그분을 부활하신 우리 주님으로 인식하게 해 줄 것이다.

이 책을 보고 있는 모든 사람이 예수님의 수난과 부활을 통해 하나님의 임재와 세계 모든 곳에 있는 우리 형제자매들의 현존 안으로 더 충만히 들어갈 수 있기를 기도한다.

서론

나는 예수님과 함께 걷는다

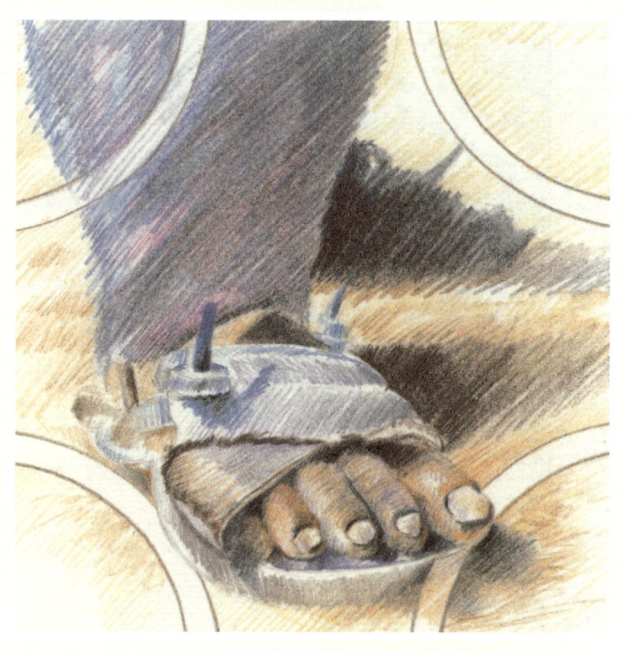

가난한 사람들에 대해 생각할 때마다
내게 떠오르는 이미지는,
등에 무거운 짐을 지고
길을 걷고 있는 사람들의 모습이다. 이른 아침, 시장이나 밭으로 걸어가는 그들을 보았던 것이 기억난다. 그들은 뭔가를 사거나 팔기 위해, 혹은 일거리를 찾기 위해, 혹은 그들을 하루 동안 먹여 살려 줄 누군가를 만나기를 바라며 걷고 있었다. 나는 차에 앉아 그렇게 많은 사람이, 때로는 맨발로 때로는 낡아빠진 샌들을 신고 걷는 것을 보며 죄책감을 느꼈던 것을 기억한다.

나는 볼리비아, 페루, 과테말라의 먼지 나는 길을 걷던 그들을 보았다. 그리고 내 마음의 눈으로는 아직도 그들을 보고 있다. 가난한 사람들은 무거운 짐을 지고 우리 세상의 길을 걸으며 살아남기 위해 애쓰고 있다.

나는 일생 동안 그리 많이 걷지 않았다. 항상 어떤 한 곳에서 다른 곳으로 나를 데려다준 비행기, 기차, 자동차, 버스가 있었다. 내 발은 땅의 흙먼지와 맞닿은 적이 별로 없다. 항상 나를 편안하게 싣고 가는 운송 수단들이 있었다. 내 주변에는 걷는 사람이 많지 않다. 거리에서 길을 물어볼 사람을 찾기조차 쉽지 않다. 내 주변 사람들은 문을 걸어 잠근 채 움직이는 좌석에 앉아 좋아하는 음악을 들으며 한 장소에서 다른 장소로 이동한다. 가끔 주차장, 슈퍼마켓 혹은 패스트푸드점에서 사람들을 만날 뿐이다.

그러나 예수님은 걸어 다니셨고 지금도 걷고 계신다. 예수님은 이 마을에서 저 마을로 걷고 계시며, 또한 걸어 다니시며 가난한 사람들을 만나신다. 거지, 소경, 병자, 애통하는 자, 소망을 잃은 자를 만나신다. 그분은 아직도 이 땅에 아주 가까이 계시며 낮의 열기와 밤의 추위를 느끼신다. 그분은 시들어 사라져 가는 풀과 돌밭과 가시나무 숲, 앙상한 나무, 들에 핀 꽃, 풍성한 수확이 어떤 것인지 아신다. 그분은 아주 많은 걸으시며 몸소 각 계절의 혹독함과 생명력을 느끼시기 때문이다. 그분은 함께 걷는 사람들에게 세심하게 귀 기울이시며, 길에서 진정한 동료가 되셔서 그들에게 말씀하신다. 그분은 엄격하시지만 자애로우시고, 솔직하게 표현하시지만 온화하시며, 벅찬 요구를 하시지만 아주 관대하시며, 세밀하게 간섭하시지만 아주 정중하시다. 그분은 깊은 데까지 잘라 내시지만, 치유자로서 그렇게 하신다. 또 그분은 갈라놓으시지만, 오직 자라게 하기 위해서 그렇게 하신다. 또 그분은 반박하시지만, 항상 긍정

할 수 있도록 하기 위해 그렇게 하신다. 예수님은 그분이 걷고 계신 땅과 깊이 연결되어 있다. 그분은 자연의 힘들을 관찰하셔서 그것들로부터 배우시고 그것들에 대해 가르치신다. 또한 창조 세계의 하나님이 바로 그분을 보내셔서 가난한 자에게 복음을 선포하게 하시고 눈먼 자를 보게 하시고 포로 된 자를 자유케 하신 그 하나님이심을 보여 주신다.

  이 세상의 길과 사막과 거친 곳을 걷고 있는 가난한 이들을 생각하면 겸손(Humility)이라는 단어가 떠오른다. 이는 땅이나 흙을 의미하는 라틴어 '후무스'(*Humus*)에서 나온 말이다. 나는 계속해서 흙이나 땅 가까이에 있어야 한다. 나는 구름들을 바라보며 더 나은 세상을 꿈꾸곤 한다. 그러나 시선을 다시금 이 땅에 두지 않는다면, 함께 걷자고 나를 초대하며 길고 고된 길을 걷고 있는 이들에게로 눈을 돌리지 않는다면, 내 꿈들은 결코 열매 맺지 못할 것이다. 그러나 가난한 이들과 함께 걷는다는 것은 무슨 의미인가? 그것은 나 자신의 가난을 인식하는 것을 뜻한다. 내면 깊은 곳의 상처, 피곤함, 무력함, 내가 죽을 수밖에 없는 존재임을 깨닫는다는 것이다. 바로 거기서 나는 땅과 관련을 맺으며, 바로 거기서 진정 겸손해진다. 그렇다! 바로 거기서 나는 이 땅을 걷고 있는 사람들 모두와 하나가 되고, 나 역시 한없이 연약하지만 고귀한 존재로 사랑받고 있음을 발견한다.

예수님은 수난받으시기 전에 "자기가 하나님께로부터 오셨다가 하나님께로 돌아가실 것을 아시고…수건을 가져다가…허리에 두르시고…제자들의 발을 씻기시고 그 두르신 수건으로 닦기를 시작하셨다"(요 13:3-5). 말씀이 육신이 되셔서 나의 지친 발을 씻기셨다. 그분은 정확히 나의 흙 묻은 곳을 어루만지신다. 바로 그곳은 하늘까지 다다를 내 몸이 땅과 연결되었던 자리다. 그분은 무릎을 꿇고 손수 내 발을 씻기신다. 그러고는 나를 바라보시며, 내 눈과 마주치자 이렇게 말씀하신다. "내가 너희에게 행한 것을 아느냐?…내가 주와 또는 선생이 되어 너희 발을 씻겼으니 너희도 서로 발을 씻기는 것이 옳으니라"(요 13:12-14).

십자가를 향한 길고 고통스런 여정을 걷는 나는 이웃의 발을 씻기기 위해 길을 멈추어야 한다. 형제자매들 앞에서 무릎을 꿇고 그들의 발을 씻기고 나서 그들의 눈을 바라볼 때, 이런 여행을 할 수 있는 것은 바로 나와 함께 걷는 그들 때문임을 나는 발견한다.

1장

예수님이 사형 선고를 받으시다

창살 안에 한 남자가 있다.

그는 사형 선고를 받았다.

그는 이제 '저주받은' 자로 분류되어
더 이상 살 가치도 없는 사람으로 여겨진다. 그는 원수, 반역자, 아웃사이더, 사회의 위험 요소가 되었다. 그는 격리되어야 하며 사회생활에서 제외되어야 한다.

왜? 다르기 때문이다. 그는 흑인이고, 흑인들은 위험하다. 그는 동성애자며 동성애자는 타락한 이들이다. 그는 유대인이며 유대인은 신뢰할 수 없다. 그는 난민이며 난민은 우리 경제를 위협한다. 그는 아웃사이더며, 우리가 듣기 싫어하는 말을 하고 오히려 우리가 잊고 싶어 하는 것을 기억나게 한다. 그는 잘 정돈된 우리 삶을 혼란스럽게 한다. 그는 우리의 부도덕함을 가려 주는 커튼 곁에서 눈물을 흘리며, 우리를 안전한 공간에 있게 해 주는 벽을 허물어뜨린다. 그는 "우리는 같은 인간이며 모두 같은 하나님의 자녀입니다. 우리는 모두 하나님의 귀히 여기시는 아들딸로서 사랑받고 있습니다. 우리는 같은 집에서 같은 아버지와 함께 한 식탁에서 먹으며 살도록 되어 있습니다"하고 말했다. 또한 "인종 차별 정책은 하나님의 뜻이 아닙니다. 하나 됨과 교제가 하나님의 계획입니다"라고 말한다.

우리는 그 입을 막아야 한다. 그 목소리는 우리 삶의 방식에 혼란을 일으킨다. 우리의 가정생활, 사회생활, 직장 생활에 혼란을 가져온다. 무질서, 아니 대혼란까지 야기한다. 삶은 지금도 충분히 우리에게는 우리가 주의 깊게 짜 놓은 정밀한 관계망을 파괴할 선지자들이 필요하지 않다. 이 모토를 굳게 붙들자. "모든 사람은 자신을 위해, 하나님은 우리 모두를 위해." 그것이 고통을 최소화하고 안락을 극대화하는 길이다.

예수님이 빌라도 앞에 서 계신다. 그분은 잠잠하다. 그분은 자신에게 쏟아지는 수많은 비난에 방어하지도 않으신다. 그러나 빌라도가 "네가 무엇을 하였느냐?"고 물었을 때 예수님은 "내가⋯이를 위하여 세상에 왔나니 곧 진리에 대하여 증거하려 함이로라. 무릇 진리에 속한 자는 내 음성을 듣느니라"고 말씀하신다(요 18:35-38). 예수님이 말씀하시는 진리는 어떤 명제나 교리 혹은 실재에 대한 지적인 설명이 아니다. 그것은 바로 그분과 성부 하나님의 관계, 두 분 사이의 생명력 있는 친밀한 관계다. 그리고 그분은 우리도 그 친밀한 사귐에 동참하기를 원하신다. 빌라도는 그 진리를 들을 수 없었다. 예수님과 연합

되지 않은 사람은 누구도 그 진리를 들을 수 없다. 그러나 예수님과의 사귐에 들어가는 사람은 진리의 영을 받을 것이다. 진리의 영은 현대 사회의 욕망과 강박 관념에서 우리를 자유롭게 하시며, 우리를 하나님의 내적 삶에 속하게 하셔서, 세상에서 열린 심령과 사려 깊은 마음을 갖고 살게 하신다. 우리는 감옥에 있든 그렇지 않든, 예수님과의 사귐을 통해 성령의 음성을 들을 수 있고 더 먼 여행을 할 수 있다. 그 진리―진정한 관계, 진정한 소속―가 우리에게 어둠의 권세가 빼앗을 수 없는 자유를 주었기 때문이다. 예수님은 하나님과 가장 가까운 관계에 있었으므로 이 세상에서 살았던 가장 자유로운 인간이시다. 빌라도는 그분에게 사형을 선고했고 그분을 저주받은 자 가운데 하나로 만들고 싶어 했다. 그러나 그는 그럴 수 없었다. 예수님의 죽음은 단순한 사형 집행이 아니라 온전한 자유에 이르게 하는, 온전한 진리로 가는 길이 되었다.

나는 하나님께 가까이 다가갈수록 세상의 정죄가 거세지리라는 것을 안다. 그러나 세상의 정죄는 진리를 드러낼 것이다. "의를 위하여 핍박을 받은 자는 복이 있나니 천국이 그들의 것임이라"(마 5:10). 나는 이 말을 신뢰해야 한다. 세상이 나를 미워하는 그곳에서, 세상의 권세들이 나를 중요하게 취급하지 않는 그곳에서, 비웃음을 당하며 주변으로 밀려나는 그곳에서, 정확히 그곳에서 나는 내가 세계 공동체, 즉 빗장과 담장으로 막혀서 고립된 지역에 갇혀 있는 그 공동체의 일원임을 발견하게 된다.

나는 그 진리를 갈망한다. 예수님이 이 땅에서 사시며 하나님과 나누셨던 그 사귐을 갈망한다. 그러나 그 갈증이 채워질 때마다 나는 거듭 무거운 십자가를 지라는 선고를 받을 것이다. 베드로와 요한, 바울과 바나바, 야고보와 안드레의 삶이 그러했고, 무엇보다 예수님의 어머니 마리아의 삶이 그러했다. 그들의 기쁨과 슬픔은 하나가 되었다. 그들은 세상에서 그 진리대로 살고자 했기 때문이다. 우리가 십자가를 지지 않는다면, 그 일은 일어날 수 없다. 또한 이제 이미 거룩한 삶의 일부가 되어 버린 넘치는 기쁨, 막힌 담이나 교수대를 모두 넘어서는 그 기쁨이 없다면 그 일은 일어날 수 없다.

물론 창살 뒤에 선 남자의 눈에는 두려움이 서려 있다. 그러나 또한 확신, 신뢰, 소망 그리고 자유에 대한 깊은 지식도 담겨 있다. 그의 눈과 나의 눈은 세상이 볼 수 없는 것을 본다. 우리가 보는 것은 바로 고통당하시는 하나님의 얼굴이다. 우리의 두려움을 뛰어넘어 사랑이 지속되는 땅으로 우리를 부르시는 하나님을.

2장

예수님이 십자가를 지시다

한 과테말라 청년이 무거운 목재를 지고 간다. 그 목재는 납치, 살해되어 길가에서 죽은 채로 발견된 인디언의 관을 만들려는 것이다. 혹은 태어나자마자 질병으로 죽은 아이들의 관을 만들려는 것이다. 수년 전 그 사건이 일어났을 당시에는 세계 언론이 대단히 분노하면서 사건을 보도했다. 그러나 오늘날에도 여전히 그런 일들이 일어나지만, 더 이상 보도 가치가 없고 세상의 관심을 받지 못하는 주제가 되었다.

청년들이 총, 칼, 전기 충격 등에 의해 살해당한다. 어린아이들이 영양실조, 탈수, 치료 부족으로 인해 죽는다. 과테말라, 볼리비아, 페루, 에티오피아, 수단, 방글라데시를 비롯한 셀 수 없는 나라들의 작은 마을에 날마다 폭력과 가난이 죽음을 몰고 온다.

나는 머리와 어깨에 무거운 짐을 지고 있던 인디언 청년의 얼굴을 지울 수 없다. 그는 눈을 거의 감고 있고 깊은 슬픔으로 인해 눈썹을 찌푸리고 있다. 그의 얼굴은 늙어 보인다. 죽음이 가까이 와 있었다. 그러나 여전히 위엄과 평온이 서려 있고, 자신의 정체성에 대해 잘 알고 있는 것 같다. 그는 많은 말을 하지 않는다. 그의 마음은 잠잠하다. 나도 이미 늙었지만, 뼈만 남은 얼굴로 보아 그는 나보다 오래 못 살 것 같다. 그는 인류의 십자가를 지고 있다. "간고를 많이 겪었으며 질고를 아는 자라"(사 53:3). 그는 알고 있다. 곧 차가 멈추고 무장한 사람들이 그를 묶어 끌고 가서 잔인하게 고문하고 벌거벗긴 채 길거리에 버릴 것이라는 사실을. 그는 그 사실을 알지만 친구들의 관을 만드는 목재를 지고 계속 걷는다.

빌라도는 예수님을 넘겨주어 고통당하게 했다. 군병들은 "그의 옷을 벗기고 홍포를 입히며 가시관을 엮어 그 머리에 씌우고 갈대를 그 오른손에 들리고 그 앞에서 무릎을 꿇고 희롱하여 이르되 유대인의 왕이여 평안할지어다 하며 그에게 침 뱉고 갈대를 빼앗아 그의 머리를 치더라. 희롱을 다 한 후 홍포를 벗기고 도로 그의 옷을 입혀 십자가에 못 박으려고 끌고 나가니라"(마 27:28-31). 예수님은 이 모든 고통을 견디셨다. 행동하던 시기는 지나갔다. 그러나 이제 그분은 더 이상 아무 말씀도 하지 않으신다. 항변하지도 않으시고 비난하거나 꾸짖지도 않으신다. 그분은 희생자가 되셨다. 그분은 이제 행동하지 않으시고, 다른 사람의 행동 대상이 되신다. 그분은 이제 수난에 들어가셨다. 예수님은 인간의 삶 대부분이 수난임을 아신다.

사람들이 굶주리고 납치되고 고문당하고 살해당한다. 투옥되고 집에서 끌려나와 가족과 격리되고 수용소로 보내져 강제 노동에 이용된다. 그들은 이유를 모른다. 그들은 그 모든 일의 원인을 알지 못한다. 아무도 설명해 주지 않는다. 그들은 가난하다. 예수님은 십자가가 어깨에 놓이는 것을 느끼셨을 때, 장래 모든 세대의 고통이 자신을 내리누르는 것을 느끼셨다. 그분은 과테말라 청년을 바라보셨고 그를 지극히 긍휼히 여기시며 사랑하셨다.

나는 무력함을 절감한다. 나는 무슨 일이든 하고 싶다. 아니, 무슨 일이든 해야 한다. 최소한 폭력, 영양실조, 억압, 착취에 대해 무슨 말인가 해야 한다. 또한 그것을 넘어서 눈에 보이는 고통을 경감시킬 수 있는 무슨 행동을 해야 한다. 그러나 더 힘든 과제가 있다. 그것은 나 자신의 십자가를 지는 것이다. 그것은 외로움과 고립의 십자가, 내가 경험하는 거절의 십자가, 우울함과 내적 고뇌의 십자가를 지는 것이다. 멀리 있는 이웃들의 아픔으로 인해 괴로워하더라도 나만이 겪는 고통을 지고 갈 수 없다면, 나는 행동주의자, 인도주의자까지 될 수는 있지만 아직 예수님의 제자는 아니다. 내가 나의 외로움을 기꺼이 감당하고자 할 때 나와 억압당하는 자와의 관계는 실제가 된다. 나는 때로 다른 사람에 대해 염려함으로써 그 짐을 피하려고 한다. 그러나 예수님은 "수고하고 무거운 짐진 자들아 다 내게로 오라. 내가 너희를 쉬게 하리라"(마 11:28)고 말씀하신다. 목재를 지고 있던 그 과테말라인과 나 사이에는 결코 이어질 수 없는 간격이 있다고 생각할 수도 있다. 그러나 예수님은 우리 둘 다를 위해 십자가를 지셨다. 우리는 서로에게 속해 있다. 우리는 각자 자신의 십자가를 지고 그분을 따라야 하며, 그리하여 우리가 마음이 온유하고 겸손한 분으로부터 배우는 진정한 형제임을 발견해야 한다. 이것이 바로 새로운 인류가 탄생할 수 있는 유일한 길이다.

3장

예수님이 처음으로 쓰러지시다

이 어린 베트남 소년은 버려졌다.
왜? 부모가 죽임을 당했거나 납치되었거나
혹은 수용소에 있기 때문일 것이다. 어쩌면 그들은 적군으로부터 탈출하려다 매복해 있던 군인들에게 붙잡혔을지도 모른다. 또는 익사당한 보트 피플일 수도 있다. 어쩌면, 어쩌면…. 어쨌든 그들의 아이는 홀로 남겨졌다. 나는 공허한 미래를 응시하는 이 아이의 눈을 통해, 어둠의 권세에 의해 짓밟힌 수백만 아이의 눈을 본다. 이 작고 여린 아이는 손을 잡아 주어야 하고, 안아 주고 뽀뽀해 주고 꼭 껴안아 주어야 한다. 그 아이는 아버지의 강인하고 사랑스런 손을 느껴야 하고, 어머니의 부드러운 말을 들어야 하며, "너는 얼마나 예쁜지 몰라"라고 말하는 사람들의 눈을 바라보아야 한다. 이 소년은 어디에 가야 안전할까? 어디로 가야 자기가 진정 사랑받고 있다는 것을 알게 될까? 무섭고 혼란스러울 때 이 아이는 누구에게 달려가야 하는가? 마음껏 눈물을 흘리고 고통이 받아들여지며 악몽이 사라질 수 있는 곳은 어디란 말인가? 누가 그 아이의 발을 간지럽히는가? 누가 그의 손을 꽉 쥐는가? 누가 그의 뺨을 문지르는가? 아이는 거기에서 연약한 상태로 외로이 잊힌 채로 앉아 있다. 그 아이는 더 이상 미래를 기약할 수 없는 인류에 의해 버려졌다.

세상 전역에서 아이들이 폭력, 전쟁, 부패와 인간의 분노로 인해 죽어 간다. 그 아이들은 애정과 음식을 갈급해한다. 그 아이들은 구호 기관의 차가운 구석방에 앉아 자신에게 관심을 보여 줄 누군가를 기다리고 있다. 그 아이들은, 자신의 욕구를 채우기 위해 그들을 이용하는 낯선 사람들과 함께 잔다. 그들은 살아남기 위해 홀로 혹은 몇 명씩 모여 대도시의 거리를 돌아다닌다. 세상 전역에서 수천 아니, 수백만의 아이들이 그런 상태에 있다. 그들은 "너는 내 사랑하는 아들이라. 내가 너를 기뻐하노라"(눅 3:22)고 말하는 목소리를 듣지 못하고 있다.

이 아이들의 경우만큼 인류의 타락이 고통스럽게 느껴지는 곳은 어디에도 없다. 그들은 우리에게 우리의 죄악을 드러내 준다. 버려져 홀로인 그 아이들은 우리가 자기 자신을 사랑하는 은혜를 잃어버렸다고 말한다.

그 아이들이 자라서 나중에 어른이 되면 어떻게 될까? 복수를 향한 필사적인 열망으로 총을 잡을 것인가? 정신 병동에서 일평생 입을 다문 채 움츠리고 있을 것인가? 아니면 위험한 범죄자가 되어 쇠창살 안에 갇혀 있을 것인가? 테러리스트, 악당 두목, 마약 밀매업자, 포주, 창녀가 될 것인가? 아니면 인간의 속임수 너머, 그 뒤에 그들을 안전하게 붙드시고 무조건적인 사랑을 베푸시는 손길이 있음을 알게 될 것인가?

예수님은 십자가 아래로 쓰러지셨다. 그리고 아직도 쓰러져 계신다. 예수님은 확고한 결단력과 강철 같은 의지로 고통을 견뎌 낸 정복자 영웅이 아니다. 그렇지 않다. 하나님의 아들이자 마리아의 아들로 태어나 동방 박사들의 경배를 받으셨던 그분은, 어둠의 세력과의 싸움에서 인류를 대승리로 이끌고자 하시는 거만하고 냉정한 지도자가 절대로 아니었다. 그분은 성인이 되셨을 때, 회개하는 무리에 섞여 요단강에서 세례를 받으심으로 자신을 낮추셨다. 그분이 자신의 마음에 깊이 들어온 그 목소리, "이는 내 사랑하는 아들이요 내 기뻐하는 자라"(마 3:17)는 말씀을 들은 때가 바로 그때였다. 그 목소리가 그분의 삶을 이끌었다. 반감, 질투, 분노, 복수에서 그분을 보호해 주었다. 그분은 항상 어린아이인 채로 계시며 제자들에게 "너희가 돌이켜 어린아이들과 같이 되지 아니하면 결단코 천국에 들어가지 못하리라"(마 18:3)고 말씀하셨다. 예수님은 인류의 고통의 십자가라는 무거운 짐을 지고 가다가 쓰러지신 무죄한 어린아이시다. 그분은 무력하고 약하고 아주 상처받기 쉬우시다. 그러나 여기서 우리는 우리 자신 안에 있는 어린아이와 우리 주위에 있는 모든 어린아이를 감싸 안으시는 하나님의 긍휼하신 마음의 신비에 다가갈 수 있다.

나는 내가 어린아이임을 안다. 나는 내가 이룬 모든 업적과 성공의 이면에서 계속해서 안전을 갈망하고 무조건적인 사랑을 갈구하는 어린아이다. 나는 또한 내 속의 아이에게 다가가지 못하면 예수님과 그분에게 속한 모든 이에게 다가가지 못한다는 것을 안다. 나는 내 속의 아이와 만날 때마다 나의 무력함과 만나며, 나를 안전하게 보호해 주는 사람 하나 없이 홀로 버려질까 봐 두려워하는 마음을 만난다. 예수님은 내가 내 속의 아이를 잘 키우도록 하기 위해 십자가 밑에 쓰러지신다. 예수님이 쓰러지신 내 마음속의 자리는 내가 통제할 수 없는 곳이며, 높이 들어올려지고 확신을 얻고자 하는 욕구가 절실해지는 곳이다. 세상의 버려진 아이들이 내 속에 있다. 예수님은 두려워하지 말고 마음속에서 그들과 대면하고 그들과 더불어 고투하라고 내게 말씀하신다. 그분은 내가 모든 거부감과 버려졌다는 느낌 너머에 사랑이 있음을 발견하기를 원하신다. 그것은 진정한 사랑, 지속되는 사랑으로 육체가 되셨으며 자녀들을 결코 홀로 내버려두지 않으실 그 하나님으로부터 오는 사랑이다.

4장

예수님이 마리아를 만나시다

전쟁에서 아들을 잃은
이 니카라과 여인의 마음은
깊은 슬픔으로 가득하다. 그러나 그녀는 기절하지 않았다. 그녀는 죽음 너머에 승리가 있다는 강한 확신을 가지고 두 눈을 똑바로 뜨고 나를 바라보고 있다.

나는 온두라스 국경 가까이에 있는 작은 마을 할라파에서, 학살당한 니카라과 농부들의 어머니를 만났던 것을 생생하게 기억한다. 나는 그 농부들을 희생시켰던 전쟁에 대해 공동 책임을 느끼는 북미인 그룹과 함께 있었다. 우리 가운데 한 명이 물었다. "당신들과 당신들의 가족에게 폭력을 행사한 우리를 용서하실 수 있습니까?" 긴 침묵이 흘렀다.…그러고 나서 한 여인이 강한 목소리로 말했다. "네, 당신들을 용서합니다." 그러자 다른 사람들이 그 말을 반복했다. "네, 당신들을 용서합니다." 또 우리 중 한 사람이 말했다. "그러나 우리 나라에서 당신들의 물건을 팔지 못하도록 규제한 것 때문에 고난과 고통의 세월을 보낸 것에 대해서도 우리를 용서하실 수 있습니까?" 다시 그들은 대답했다. "네, 우리는 당신들을 용서합니다." 또 다른 사람이 이렇게 말했다. "오랜 세월 당신들을 우리 세력권 안에 넣고 값싼 노동력과 농산물을 착취해 간 것에 대해서는요?" 대답은 동일했다. 아니, 더 강력했다. "네, 우리는 당신들을 용서합니다. 그리고 더 좋은 세상을 만들기 위해 당신들이 우리와 동역하기를 바랍니다. 그리하여 우리 아이들의 죽음이 헛되지 않았다고 판명되길 바랍니다." 나는 죄의 고백과 용서의 대화를 들으면서 또 이 믿음의 여인들의 눈을 바라보면서, 이들이 전 세계에 있는 수천의 여인, 곧 전쟁 대신 평화를, 절망 대신 소망을, 복수 대신 용서를 제의하는 여인들을 대표하고 있음을 깨달았다. 레닌그라드, 벨파스트, 테헤란 그리고 셀 수 없이 많은 도시와 마을에 그런 여인들이 있다. 이들은 자녀의 죽음으로 인한 슬픔을 긍휼과 치유가 자라는 비옥한 토양으로 만들었다.

예수님은 사형 집행장으로 끌려가면서 어머니를 만나셨다. 마리아는 기절하지 않았다. 분노나 절망으로 인해 울부짖지도 않았다. 군인들이 예수님을 고문하지 못하도록 막으려 하지도 않았다. 그녀는 그분의 눈을 바라보았고 이때가 그분의 때임을 알았다. 가나에서 그녀가 그분의 도움을 구했을 때, 그분은 그들 사이에 약간 거리를 두시며 말씀하셨다. "여자여…내 때가 아직 이르지 아니하였나이다"(요 2:4). 그러나 이제 하나님의 구원 계획이 완성되는 때를 아는 가운데 그분의 슬픔과 그녀의 슬픔이 하나가 되었다. 곧 마리아는 십자가 아래 설 것이고, 예수님은 사랑하는 제자 요한에게 "네 어머니라"(요 19:27)고 말씀하시며 그녀를 부탁하실 것이다. 마리아는 슬픔으로 인해 예수님의 어머니이자 고통당하는 모든 자녀의 어머니가 되었다. 그녀는 십자가 아래 서 있었다. 그리고 아직도 거기서 고통에 대해 복수, 보복, 절망으로 대응하고자 하는 사람들의 눈을 바라본다. 그녀는 그 슬픔으로 인해, 어디에 있는 아이들이든 그들을 자신의 자녀로 포용하고 그들에게 어머니의 위로와 편안함을 주고자 하는 마음을 갖게 되었다.

마리아와 슬픔에 잠긴 모든 어머니를 볼 때마다 내 존재의 중심으로부터 이런 질문이 떠오른다. "너는 고통 가운데 있으면서도 마음으로부터 용서할 수 있는가?" 나는 상처받는다. 배신당하고 버림받은 것 때문에 상처를 받는다. 자기 거부 때문에 상처를 받는다. 또 가까이 있든 멀리 있든 주위에 있는 이들에게 손을 내밀지 못하고, 그들의 고통을 경감시킬 수 없는 내 모습 때문에 상처를 받는다. 한편 나는 이 모든 것에서 도망가고 싶은 유혹을 끊임없이 받는다. 불평이나 비난을 피해 숨고 싶은 유혹을 받는다. 절망의 희생자 혹은 최후 심판의 예언자가 되려는 유혹을 받는다. 나의 진정한 소명은 고난받으시는 예수님을 똑바로 바라보는 것이다. 그분의 고난 때문에 넘어지는 것이 아니라 오히려 그것을 마음에 받아들이고 그로 인해 자비의 열매를 맺는 것이다. 나는 더 오래 살수록 더 많은 고통을 알게 될 것이고, 더 많은 고통을 알수록 더 많은 슬픔과 더불어 살게 될 것을 안다. 그러나 바로 인간의 이 깊은 슬픔이 상처받은 나의 마음과 인류의 마음을 하나로 만들어 준다. 고통 가운데 하나 되는 이 신비에 소망이 숨겨져 있다. 예수님의 길은 고통당하는 인간의 마음으로 가는 길이다. 그것은 마리아가 선택한 길이며 많은 마리아가 계속 선택하는 길이다. 전쟁이 왔다가 가고 다시 온다. 압제자들이 왔다 가고 다시 온다. 내가 압제자에게 항거하고 평화를 위해 할 수 있는 일을 할 때조차도 내 마음은 그 사실을 안다. 이 모든 것 가운데서 나는 계속해서 좁은 길, 슬픔의 길, 소망의 길을 선택해야 한다. 이때 나를 안내해 주는 사람은 슬픔에 잠긴 이 세상 여인들이다.

5장

시몬이 십자가를 지고 가시는 예수님을 돕다

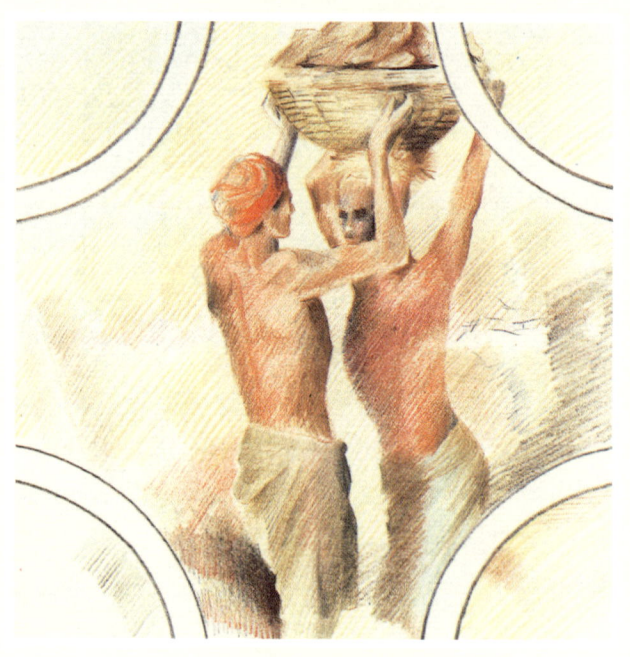

방글라데시에 사는 두 남자가
자기들이 살 작은 오두막을 짓기 위해
함께 일하고 있다. 그 오두막은 진흙, 대나무, 돌과 황마 줄기를 써서 만든 아주 단순한 것이다. 그러나 그곳에서 사람들은 가정이라는 느낌을 가질 수 있고, 그들을 보호해 주는 지붕 아래서 함께 살 수 있다. 나는 이 두 남자가 무거운 돌을 함께 나르는 것을 보고, 그들의 몸이 이루는 조화에 매료되었다. 그들은 마치 춤을 추는 것 같다. 그들이 들고 있는 무거운 짐은 과일 바구니같이 가벼운 짐이 된 것 같다.

내가 속한 고도로 경쟁적인 사회, 땅값이 매일 올라가고 건축업자가 수억 원짜리 집을 짓는 이 사회를 생각하면, 여기 '춤추고 있는 이들'이 부럽다. 그들의 집은 단순할 것이다. 시멘트나 나무로 된 마루도 없을 것이고 탁자, 의자, 옷장도 없을 것이다. 그러나 그곳에는 가족과 친구들을 위한 안락한 장소가 있을 것이고, 귀하고 거룩한 무언가를 함께 만들었다는 의식이 있을 것이다.

부유한 사람들은 돈이 있고 가난한 사람들은 시간이 있다.

우리는 항상 여기저기를 바쁘게 뛰어다니며 한 가지 일이 끝나면 곧바로 다른 무언가를 시작하고 돈으로 살 수 있는 모든 것을 계속 쫓아다니지만, 우리가 진정으로 함께 있음을 거의 느끼지 못한다. 그러나 나는 가난한 사람들이 함께 일하고 먹고 놀고 기도하는 것을 많이 보았다. 나는 넉넉한 미소를 보았고 거친 웃음소리를 들었고 감사하는 말이 넘쳐나는 것을 보았다. 그들은 항상 시간이 풍부했고, 그들을 묶어 주는 것이 거의 없을 때조차도 많은 사람이 서로 사랑하고 있다는 깊은 믿음이 있는 것 같았다.

예수님이 골고다로 십자가를 지고 가실 때, 군병들은 우연히 구레네 시몬과 마주쳤고 그로 하여금 십자가를 지게 했다. 그것은 예수님 혼자 지시기에는 너무 무거웠기 때문이다. 예수님은 처형 장소까지 십자가를 지고 가실 수 없었다. 그 사명을 완수하기 위해서는 누군가의 도움이 필요했다. 그분은 너무 연약하셨다. 예수님은 자신의 사명을 완수하기 위해 우리를 필요로 하신다. 그분은 자신과 함께, 그분을 위해 십자가를 져 줄 사람을 필요로 하신다. 그분은 우리에게 아버지 집으로 가는 길을 보여 주기 위해 오셨다. 그분은 우리에게 새로운 처소를 보여 주기 위해, 새로운 소속감을 주기 위해, 진정한 안락함이 무엇인지 가르쳐 주기 위해 오셨다. 그러나 그분 혼자서는 그 일을 하실 수 없다. 고되고 고통스러운 구원 사역은 하나님이 인간에게 의존해서 이루시는 사역이다. 물론 하나님은 능력과 영광과 위엄이 충만하신 분이다. 그러나 하나님은 우리 가운데 하나가 되셔서, 의존하는 인간이 되셔서 우리 가운데 살기로 작정하셨다. 예수님은 칼로 그분을 지키고자 하는 제자들에게 이렇게 말씀하셨다. "네 칼을 도로 칼집에 꽂으라.…너는 내가 내 아버지께 구하여 지금 열두 군단 더 되는 천사를 보내시게 할 수 없는 줄로 아느냐? 내가 만일 그렇게 하면 이런 일이 있으리라 한 성경이 어떻게 이루어지겠느냐?"(마 26:52-54) 예수님의 길은 무력함의 길, 의존의 길, 수난의 길이다. 마리아와 요셉을 비롯한 다른 많은 사람의 사랑과 보살핌에 의지하는 어린아이가 되셨던 그분은 전적인 의존 상태에서 이 세상의 여정을 끝마치신다. 그분은 기다리시는 하나님이 되셨다. 그분은 사람들이 그분을 어떻게 대할지 궁금해하시며 기다리신다. 그분은 배신을 당하실 것인가, 아니면 그분의 신분이 공표될 것인가? 버림받아 처형당하실 것인가, 아니면 많은 자가 그분을 따르게 될 것인가? 아무도 따르는 자 없이 십자가에 못 박히실 것인가, 아니면 누군가 그분을 도와 십자가를 질 것인가? 예수님이 세상의 구세주가 되시기 위해서는 기꺼이 그분과 함께 십자가를 지려는 사람들이 필요하다. 어떤 사람은 자발적으로 그렇게 한다. 또 어떤 사람은 '참

가자 목록에 올려져야' 한다. 그러나 일단 그 십자가의 무게를 느끼기만 하면, 그것은 가벼운 짐이며 아버지의 집으로 인도해 주는 쉬운 멍에임을 알게 된다.

나는 내 안에 인생을 내 마음대로 살고자 하는 강한 욕망이 있음을 느낀다. 사실 우리 사회는 자수성가한 사람, 즉 자신의 운명을 통제하고 목표를 정하여 자신의 포부를 이루어 자기 왕국을 건설한 사람을 칭송한다. 나는 영적 성숙이란 다른 사람들로 하여금 기꺼이 나를 인도하도록, 내가 "원치 아니하는 곳으로 〔나를〕 데려가도록"(요 21:18) 하는 것임을 믿기가 너무나 힘들다. 그러나 다른 사람 없이 혼자서도 잘 살 수 있다는 거짓된 욕구에서 벗어나 감히 도움을 구할 때마다, 새로운 공동체가 이루어진다. 그것은 연약한 이들의 모임이지만 깨어진 세상에 함께 소망의 사람들이 될 수 있다는 확신 가운데 강해지는 공동체다. 구레네 시몬은 새로운 사귐을 발견했다. 다른 사람으로 하여금 나의 연약함을 어루만지게 하고, 하나님의 집으로 가는 내 여정에서 신실하게 나를 도와주도록 한다면 그들은 모두 자신에게 은사가 있음을 깨닫게 될 것이다. 그 은사는 아주 오랫동안 드러나지 않은 채 묻혀 있었을지도 모른다. 도움, 지원, 인도, 애정, 돌봄을 받는 것은, 이런 것들을 주는 것보다 더 위대한 소명이다. 나는 받음으로써, 주는 자에게 있는 은사를 드러내고, 그럼으로써 함께 새로운 삶을 시작할 수 있기 때문이다. 이 두 명의 방글라데시인은 단순히 함께 일을 하고 있는 것이 아니다. 그들은 서로 공유한 인간됨을 경축하고 그래서 새로운 가정을 준비하고 있는 것이다. 그것이 모든 백성을 향한 예수님의 부르심이다. 그 부르심은 종종 가난한 사람을 통해 우리에게 다가오곤 한다.

6장

예수님이 베로니카를 만나시다

"그를 집으로 돌려보내 주세요!"
이것은 '사라진' 남편의 사진을 손에 들고 있는 필리핀 여인의 외침이다. 그녀의 눈빛은 동정을 호소하고 있으며, 입가에는 깊은 슬픔이 어려 있다. 그녀의 얼굴에는 간절한 기대가 역력하다. 그녀는 이렇게 말한다. "나의 고통, 나의 아픔이 보이십니까?…내가 가장 사랑했던 사람이 사라졌습니다. 남편이 갑자기 어디론가 가 버린 이후로, 1분 1초라도 괴롭지 않은 순간은 없었습니다. 그이는 어디에 있습니까? 감옥에 있나요? 고문을 당하고 있나요? 죽었나요? 살아 있나요? 제발 대답 좀 해 주세요! 그이가 죽었다면 무덤이 어디에 있는지라도 말해 주십시오. 그래야 가서 울기라도 할 테니까요. 세상 사람들! 내 말 좀 들어 보세요! 나 좀 보세요! 대답 좀 해 주세요."

이 필리핀 여인은, 남편과 아들이 갑자기 실종되어 다시는 만나지 못한 수천 명의 고통받는 여인을 대표한다. 아르헨티나와 과테말라뿐 아니라 미국과 캐나다에서 이런 여인들이 있다. 이들은 인간의 가장 깊은 상처를 보여 준다. 사람과 사람

사이, 즉 부모와 자식, 남편과 아내, 형제자매 사이의 관계가 잔인하게 찢긴 모습을 보여 준다. 대규모 인구의 격변적인 이동, 난민으로 넘쳐나는 수용소, 국가 간의 전쟁과 내전은 역사상 그 어느 때보다도 더 많은 사람을 뒤섞어 놓았다. 우리는 실로 인류가 뒤죽박죽되어 있다고 말할 수 있다.

베로니카는 예수님이 가르침을 베푸시고 병든 자를 고치시고 하나님 나라를 선포하실 때 그분과 함께 있었다. 예수님은 그녀의 삶의 중심이 되셨다. 그러나 그녀는 그분이 잔인하게 끌려가는 것을 보았다. 그녀는 슬픔과 고통을 주체할 수 없어 무슨 일이든 하고 싶었다. 그녀는 그분이 가까이 오시는 것을 보았을 때 군중을 헤치고 나와, 땀과 피로 얼룩진 그분의 얼굴을 베일로 덮었다. 예수님은 그 베일에 얼굴 형상을 남기심으로써 이 사랑과 애통의 행위에 반응하셨다. 그것은 바로 제자리를 잃고 뒤죽박죽된 인류의 얼굴이었다. 예수님의 얼굴은 이별, 분리, 강제 이주 등으로 고통당하는 모든 사람의 얼굴이다. 베로니카는 슬픔의 여인이다. 그 슬픔은 심한 고통으로 마음에 사무친 슬픔이다. 그것은 세상 전역에서 셀 수 없이 많은 나라, 민족, 사회의 여성들이 겪고 있는 슬픔이다. "왜 그들은 우리 아이와 남편과 친구를 데려가는 겁니까?" 이 고통스런 질문은 우리 세계의 구석구석에서 울려나는 절규다.

나의 마음 깊은 곳에서도 그 외침을 들을 수 있을까? 내 방의 벽에는 가족, 친구들의 사진과 예수님, 마리아, 성인들의 그림이 빙 둘러서 걸려 있지만, 내 마음 깊은 곳에는 말할 수 없는 아픔이 있다. 그것은 부재(absence)로 인한 아픔이다. 내가 함께하기를 가장 원하는 한 사람이 나와 함께 있지 않다. 또한 우리가 함께할 수 있을지라도, 우리는 서로의 가장 깊은 필요에 다가갈 수 없을 것이다. 베로니카의 아픔은 나의 아픔이기도 하다. 나는 사귐, 소속감, 친밀감을 갈망한다. 그러나 나는 어디를 가든, 누구를 만나든 부재, 단절, 고립을 경험한다. 마치 어떤 칼 하나가 모든 사람을 꿰찌르고 모든 친밀함에 고통을 더하는 것 같다. 내 방에 걸려 있는 사진과 그림들은 사귐을 향한 나의 갈망을 보여 준다. 그러나 넘치는 사랑으로 그것들을 바라볼 때 내 마음에는 엄청난 아픔이 밀려온다. "나는 왜 그와 이야기할 수 없는가? 그녀는 왜 내게 편지를 쓰지 않는가? 그들은 왜 우리가 화해하기 전에 죽었는가? 왜 우리는 서로를 편안하게 느낄 수 없는가?" 그리고 나는 예수님의 그림 앞에서 촛불을 켜고 그분의 눈을 통해 영원의 세계를 응시하면서 이렇게 말한다. "주님, 언제, 도대체 언제 오셔서 내 마음의 깊은 갈증을 풀어 주시렵니까?" 그리스도의 얼굴과 내가 사랑하는 모든 사람의 얼굴이 새겨진 베로니카의 베일을 볼 때마다 사귐을 향한 갈증이 생겨난다.···그리고 늙어 가면서 그 고통은 깊어진다.

진정한 사귐을 얻기 위해서는 내 생명을 잃어버려야 한다. 내 그림들을 내려놓고 진짜 사람을 만나야 하며, 감상적인 기억을 버리고 나의 상상을 초월한 새로운 사귐이 있을 것이라는 믿음을 가져야 한다. 나는 이 모든 것을 알고 있다. 그러나 피와 땀으로 얼룩진 예수님의 삶과, 감옥과 난민 수용소와 고문실에서 고통당하고 있는 사람들의 삶을 보면서 어떻게 새로운 삶을 믿을 수 있는가? 그러나 예수님은 나를 바라보시고 내 마음에 그분의 얼굴 형상을 찍어 주신다. 나는 항상 찾고 기다리고 소망할 것이다. 고통당하신 그분의 얼굴은 나를 절망시키는 것이 아니다. 나의 슬픔은 나의 갈망을 보여 주고, 나의 외로움은 나의 갈증을 보여 준다. 우리는 서로 만날 때에야 비로소 알게 된다. 우리에게 고통을 주는 그 사랑이, 바로 고통이 머무를 수 없는 삶의 씨앗임을.

---

*베로니카는 기독교 전승에 등장하는 인물이다.—편집자 주

7장
예수님이 두 번째로 쓰러지시다

이 가난한 브라질 농부는
완전히 탈진 상태다. 그는 가족들이 어느 정도 기본적인 삶을 영위할 수 있도록 하기 위해 매시간, 매일, 매주, 매달 자기 땅에서 열심히 일했다. 그러나 몇 년을 힘들게 일하고 난 후에도 나아지는 것은 없었다. 그가 농사를 짓는 토양은 이미 황폐해졌기 때문에 수확량이 형편없다. 그는 땅의 이용 가치를 높이기 위해 현대적인 농업 기술을 사용하는 사람들과 경쟁이 안 된다. 생산물을 팔아 번 돈은 얼마 되지 않기 때문에 아내와 자식들을 먹여 살리기 위해 진 빚조차 갚을 길이 없다. 그리고 해를 거듭할수록 상황은 점점 나빠져만 간다. 그는 자신의 작은 농장을 떠난 수백만 명의 가난한 사람이 사는 대도시 주변의 빈민굴로 가야 할지도 모르는 상황에 직면해 있다. 빚을 다 갚고, 아이들 교육도 시키고, 좀더 비옥한 땅을 조금이라도 살 만한 돈을 벌 수 있으리라는 꿈을 꾼 적도 있다. 그러나 이제 이 꿈은 산산조각이 났다. 그와 그의 말은 점점 늙어가고 지쳐 있다. 고된 노동으로 인해 온몸 구석구석 안 아픈 곳이 없다. 눈을 감고 손으로 얼굴을 감싼 그에게는 공허한 미래밖에 보이지 않는다. 그의 마음은 너무나 어두워졌다. 아무리 노력을 해도 아무것도 얻을 수 없는데 계속 살아야 할지도 의문이다. 그는 자신을 실패자라고 생각한다. 그리고 자신이 소망했던 남편, 아버지, 친구가 되지 못한 것에 대해 자책하고 있다.

그러나 이 절망에 빠진 농부는 통제할 수 없는 거대한 경제의 힘에 희생당한 수백만의 사람 중 하나일 뿐이다. 그들은 이제 부모와 조상으로부터 이어받은 생업을 지속할 수 없게 되었다. 그러나 그들은, 단순한 농부의 삶을 가난과 두려움의 삶으로 만들어 버리고 가난과 두려움의 삶을 불행과 빈곤의 삶으로 만들어 버린, 국가적이거나 국제적인 동향에 대해서는 아는 바가 거의 혹은 전혀 없다.

예수님이 두 번째로 쓰러지신 것은 이제 지고 가는 십자가가 무거워서가 아니라, 전신이 완전 탈진 상태에 이르렀기 때문이다. 그분은 에너지를 전부 소모하셨다. 고향에서의 수년간의 노동, 설교하신 시간, 큰 무리가 따르는 가운데 제자들과 이 마을 저 마을로 다니신 시간은 모두 육체적으로 무거운 짐이 되었다. 그리고 최근에는 회개하라는 자신의 부르심에 대한 저항이 커졌다. 그분은 생명의 위협, 자신을 따르는 자들의 변절, 유다의 배반, 베드로의 부인, 채찍질, 조롱, 헤롯과 빌라도의 철저한 이해 부족, 적대적인 무리의 외침 같은 저항을 견뎌내셔야 했다. 그것은 한 사람이 지기에는 너무 많은 짐이다. 그래서 그분은 비틀거리다 넘어지셨다. 사랑과 용서가 있는 새로운 시대를 열겠다는 그분의 꿈은 어디로 갔는가? 처음에는 많은 사람이 그 비전을 공유한 것 같았다. 그러나 이제 그분은 완전히 혼자다. 그분은 요단강과 변화산에서 그분에게 말씀하셨던 그 목소리를 왜 더 이상 들을 수 없는지 의아해하신다. 그분이 실수를 하신 것인가, 아니면 그분은 자기 힘으로 통제할 수 없는 권세들의 희생자였는가?

예수님은 우리가 더 이상 앞으로 나가고 싶어 하지 않는 순간, 모든 것을 포기하고 파괴적인 절망에 빠져들고 싶은 순간을 너무나 잘 아신다. 가난에 찌든 브라질 곳곳뿐 아니라 다른 개발도상국에서도 사람들은 그런 감정으로 괴로워한다. 부유하고 성공한 사람들도 가난하고 궁핍한 사람들만큼 절망에 빠지려는 유혹을 받는다. 나 자신의 고투를 보건대, 그 브라질 농부의 영혼이 무엇을 느끼는지 알 것 같다. 나 역시, 경제적으로 내 미래가 안전해 보일 때조차도 갑자기 죄책감과 수치심, 두려움과 절망감 같은 혼란스런 감정에 빠져든다. 그리고 오랫동안 열심히 일한 사람의 눈을 통해 나를 바라보면, 나는 종종 똑같은 질문을 하게 된다. 그것은 "내 생애는 가치가 있는 것인가?"라는 질문이다. 우리 마음속에서 깊은 피로감이 생겨나서 더 이상 전진할 수 없는 것처럼 느낄 수 있다. 모든 것이 엄청난 실패처럼 보인다. 우리의 노력은 전부 아무것도 아닌 듯하다. 꿈은 산산조각 나고 희망은 꺾이고 포부는 갈가리 찢긴다. 침체가 찾아오고 이제 무엇이 어떻게 되든 나에게는 상관없는 것처럼 느껴진다.

그러나 예수님은 쓰러지셨을 때 우리와 함께 그런 고통을 느끼셨다. 그분은 지금도 우리에게 그분의 쓰러짐과 우리의 쓰러짐은 모두 십자가의 길을 가는 과정임을 믿으라고 하신다. 우리가 쓰러질 때 할 수 있는 일은, 예수님이 쓰러지셨고 지금도 우리와 함께 쓰러지신다는 사실을 기억하는 것뿐이다. 이러한 기억은 소망이 있다는 첫 번째 예감이 될 것이다. 그리고 그 소망은 브라질 농부의 세계와 우리의 세계를 새로운 방식으로 묶어 줄 것이며, 우리에게 더 공정하고 사랑 많은 사회로 가는 방향을 보여 줄 것이다.

8장

예수님이 예루살렘 여인들을 만나시다

이 니카라과 여인들은 울고 있다.
그들의 민족, 땅, 고향이
파괴되었기 때문이다. 그들이 정성과 애정으로 양육한 자녀들이 갑자기 눈앞에서 죽었다. 인생의 희로애락을 함께했던 남편도 갑자기 알 수 없는 곳으로 끌려갔다. 땅은 황폐되고 곡물이 불에 탔으며 집이 폭파되었다. 그래서 이들은 울고 있다. 그들의 눈물은 가장 깊은 내면으로부터 넘쳐흐르는 것이다. 여기에는 어떤 말도, 설명도, 주장도, 의미심장한 성찰도 없다. 전쟁, 폭력, 살인, 파괴는 눈물을 필요로 한다. 그것도 엄청나게 많은 눈물을. "왜? 누가? 무엇 때문에?"라는 물음에 대한 대답은 존재하지 않는다.

그런 눈물이 많아지고 대답이 없을수록 세상은 더 좋아질 것이다. 이 눈물은 비통함, 분노, 복수심을 초월한 곳에서 나오는 것이다. 이 눈물은 '유용성을 따지지 않는' 사랑의 제물이며 연대감의 표현이자 진정한 비폭력 행위다.

우리 세계는 애통해야 할 이유가 너무나 많은데도 별로 애통해하지 않는다. 전쟁이 터질 때, 폭력과 기근과 자연재해 혹은 과학 기술이 빚은 실수로 사람들이 죽어 갈 때, 인간이 위대한 기술과 노력으로 만든 작품이 도둑맞거나 손상되거나 망가질 때, 또는 우리가 사는 행성이 우주에서 점점 더 위협적인 곳이 될 때도, 우리는 해결책에 대해서는 염려하지만 우리가 귀중히 여기는 것을 잃었다는 점에 대해서는 거의 애통하지 않는다. 그러나 먼저 잃어버린 것에 대해 애통하는 자가 되지 않는다면, 우리가 내놓은 해결책이 진정으로 이로운 것이 될 수 있겠는가?

예수님이 처형 장소로 끌려가실 때, 여인들은 그분을 위해 애통하고 슬퍼했다. 이 여인들은 관습적으로 범죄자를 위해 울고 그들에게 진정제를 가져다주는 사람들이었다. 그들은 직업적으로 애도하는 자들이었다. 그들의 애곡은 자비의 행위로 여겨졌다. 그러나 예수님은 그들에게 "나를 위하여 울지 말고 너희와 너희 자녀를 위하여 울라"(눅 23:28)고 말씀하신다. 예수님은 예루살렘성의 파괴와 인류에게 일어날 모든 전쟁과 폭력을 언급하신다. "보라 날이 이르면 사람이 말하기를 잉태하지 못하는 이와 해산하지 못한 배와 먹이지 못한 젖이 복이 있다 하리라. 그때에 사람이 산들을 대하여 우리 위에 무너지라 하며 작은 산들을 대하여 우리를 덮으라 하리라. 푸른 나무에도 이같이 하거든 마른 나무에는 어떻게 되리요?"(눅 23:29-31)

예수님을 위해 애통하고 싶다면, 예수님이 치유하기 위해 오신 고통당하는 인류를 위해 애통해야만 한다. 그분의 고통과 아픔 때문에 진정으로 슬퍼한다면, 우리는 현재 우리 세상에서 고통당하고 있는 모든 남자와 여자, 어린이들을 위해서도 슬퍼할 것이다. 우리가 무죄하신 나사렛 예수 그리스도의 죽음으로 인해 슬피 운다면, 우리의 눈물은 인류의 오랜 역사 동안 고통당한 수백만의 무죄한 이들에게도 이를 수 있어야 한다.

많은 사람이 우는 것과 애통하는 것을 약함의 표시로 본다. 우는 것은 도움이 되지 않는다고들 한다. 행동만이 필요할 뿐이다. 그러나 예수님은 예루살렘을 위해 우셨고, 나사로가 죽었을 때도 우셨다. 우리의 눈물은 상처받아 고통스러운 인간의 상황을 보여 준다. 눈물은 인간이 고통을 피할 수 없다는 것을 깊이 깨닫게 한다. 그 눈물은 긍휼을 행할 수 있는 온화한 여건을 만들어 준다. 우리가 우리의 한계와 죄, 또 자신이 죽을 수밖에 없는 존재임을 고백할 수 없다면, 더 나은 세상을 만들기 위해 선의로 행한 행위들은 도리어 역효과를 내어, 목표가 불분명한 분노와 좌절의 표현이 되기 쉽다. 우리는 눈물을 통해, 이 세상을 위해 우셨던 예수님의 마음에 이를 수 있다. 우리는 그분과 함께 울 때 그분의 마음에 이르게 되고, 거기서 우리의 상실에 대한 가장 진정한 반응이 무엇인지 발견할 것이다. 니카라과 여인들이 흘린 눈물과 세상 전역에서 죽음 때문에 애통하는 수백만의 사람들이 흘린 눈물이 우리의 토양을 긍휼, 용서, 온화함, 치유의 열매로 풍성하게 할 수 있다. 우리 역시 울어야 한다. 그래서 더욱더 겸손한 사람이 되어야 한다.

9장

예수님이 세 번째로 쓰러지시다

어떤 남자가 비틀거리다가
땅에 쓰러진다. 그는 너무 연약하고
심하게 아파서 누군가의 도움 없이는
몸을 일으킬 수 없다. 그는 그 자리에 무력하게 누워서 팔을 뻗어 손을 벌리고 있다. 누군가 그의 손을 잡아 다시 일으켜 주기를 바라고 있는 것이다. 한 손이 다른 손길을 기다리고 있다. 인간의 손은 참으로 신비롭다. 손은 창조할 수도 있고 파괴할 수도 있으며, 어루만질 수도 있고 때릴 수도 있다. 환영의 표시를 할 수도 있고 비난을 표현할 수도 있다. 축복할 수도 있고 저주할 수도 있으며, 치유할 수도 있고 상처를 줄 수도 있다. 구걸할 수도 있고 나누어 줄 수도 있다. 손은 안전과 보호의 상징이 되기도 하고 협박하는 주먹이 되기도 한다. 손은 가장 두려운 것일 수도 있고 가장 갈망하는 것일 수도 있다.

가장 생동감 있는 이미지 중 하나는, 서로에게 손을 내밀어 어루만지고 손에 손을 맞잡고 평화와 화해를 이루는 모습이다. 반대로 가장 절망적인 이미지 중 하나는, 돌보아 줄 손길을 기다리며 손을 뻗고 있는데 사람들은 신경 쓰지 않고 걸어가는 모습이다. 이것은 개인의 고독을 나타낼 뿐 아니라 분열된 인류의 고독을 보여 준다. 가난한 사람들은 부유한 세계와 맞닿을 수 있는 데까지 손을 뻗지만 부유한 사람들은 편견으로 인해 가난한 사람들을 보지 못한다. 인류는 여전히 깨어지고 분열되어 있다.

예수님은 세 번째로 쓰러지셨을 때, 그 몸으로 절망적인 인류의 고독을 담아 내셨다. 그분은 누군가의 도움 없이는 몸을 일으킬 수 없었다. 그러나 손을 내밀어 그분이 일어설 수 있도록 부축해 주는 사람은 하나도 없었다. 오히려 채찍이 그분의 편 손을 후려쳤고, 잔인한 손들이 그분을 붙잡아 일으켜 세웠다. 성육신하신 예수님이 쓰러지셔서 우리로 하여금 그분께로 몸을 숙여 우리의 사랑과 동정을 보이도록 하신다. 그러나 우리는 다른 일들로 너무 바빠 그것을 알아채지도 못한다. 손으로 우주를 빚으시고 아담과 하와를 만드셨으며 고통당하는 모든 사람을 부드럽게 어루만지실 뿐 아니라 만물을 사랑으로 품고 계신 그 하나님이, 인간의 손을 필요로 하는 인간의 손을 가진 인간이 되셨다. 그러나 바로 그 손은 펼쳐진 채 못 박혔다.

나는 하나님의 손에 대해 알게 된 이후로 나의 손을 다르게 보게 되었다. 내가 여기서 말하는 하나님의 손은 역사의 운행을 주관하는 능력 많은 손이 아니라 인간에게서 돌봄의 손길을 갈구하는 무력한 손이다. 나는 세상 모든 곳에서 나를 향해 뻗은 하나님의 무력한 손을 점점 더 보게 되었고, 그것을 좀더 분명하게 볼수록 그 손들은 더 가까워 보였다. 음식을 구하는 가난한 이들의 손, 그냥 같이 있어 주기를 요구하는 외로운 사람들의 손, 안아 주기를 원하는 아이들의 손, 어루만져 주기를 바라는 병자들의 손, 훈련받기를 원하는 미숙한 이들의 손. 이 모든 손은 자신에게 다가와 손을 내밀어 주기를 기다리며 쓰러져 계신 예수님의 손이다.

나는 항상 콜카타, 카이로, 뉴욕 혹은 머나먼 곳에서 구걸하는 손들에 대해서만 생각하고, 바로 내가 사는 공간 안으로 뻗은 손들은 보지 않으려는 유혹을 받는다. 나는 매일 밤 잠자리에 들 때 양손을 바라보며 묻는다. "너희들은 주변에서 손을 내밀고 있는 사람에게 다가가 평화, 소망, 용기, 확신을 조금이라도 가져다주었니?" 어쨌든 나는 도움을 요청하는 모든 사람의 손이 타락한 우리 인간의 손이며, 우리가 누구에게 다가가 어루만지든 그것이 인류 전체를 치유하는 일에 참여하고 있는 것임을 깨닫는다.

쓰러지신 예수님은, 사명을 완수하기 위해 다시 일어나는 데 필요한 도움을 구하셨다. 그럼으로써 그분은 우리에게 모든 사람의 손길에서 하나님과 모든 인류를 접할 수 있는 가능성을 열어 주셨다. 또 거기서 우리 가운데 임재하신 구원하시는 하나님의 진정한 은혜를 경험할 수 있는 가능성을 열어 주셨다.

10장

예수님의 옷이 벗겨지시다

카트만두의 한 병원에 있는
이 여인에게 남은 것이라곤
주름진 몸을 감쌀 담요 한 장밖에 없다. 오랜 세월 남편과 아이들을 돌보며 밭에 나가 일하던 그녀는 벌거벗은 익명의 존재로 하락했다. 한때 즐겁게 노래하고 활발하게 움직였던 그녀의 삶이 이제 침묵의 나락으로 떨어졌다. 그녀를 귀히 여기던 남편과 그녀에게 기쁨과 즐거움을 주던 아이들은 어디에 있는가? 그녀의 조언을 얻기 위해 찾아왔던 이웃들은 어디에 있는가? 흥겹게 흘러가던 강 그리고 봄의 풀과 꽃으로 장식된 언덕은 어디에 있는가? 모든 사람, 모든 것이 사라졌다. 어느 날 낯선 사람들이 마을에 들어와서는 그녀를 시립 병원으로 끌고 가서 정신 병동에 가두고 문을 잠갔다. 그들은 그녀가 미쳤다고 했다. 그녀를 방어해 줄 사람, 그녀를 대신해서 말해 줄 사람, 그녀의 존엄성을 보호해 줄 사람은 아무도 없었다. 그녀는 정신이 혼란스러워져 갔다. 때로 오래전의 기억이 되살아나고, 과거 몇 년 동안 알고 있던 이름들이 입 밖으로 나오며, 어렸을 때와 어른이 되고 나서의 장면들이 떠오른다. 하지만 아무도 거기에 반응하지 않는다.

여기 진짜 벌거숭이가 있다. 인간으로서의 존엄성은 모두 사라지고, 한때 너무나 사랑스러웠던 그녀는 이제 담요 한 장으로 벗은 몸을 숨기고 있다. 빠르게 변하는 현대 세계로부터 자신의 맨몸뚱이를 숨기고 사는 노인들은 셀 수 없이 많다. 늙어 가는 그들에게 남겨진 것이라고는 마구잡이로 주어지는 호의나 주위의 거부에 의해 좌우되는 맨몸뚱이뿐이다.

그들이 예수님의 옷을 벗겼다. 군인들이 그분의 옷을 나눠 갖기 위해 제비를 뽑았다(요 19:24을 보라). 그분에게는 아무것도 남지 않았다. 그분은 보이지 아니하시는 하나님의 형상이요 모든 창조물보다 먼저 나신 자다. 보이는 것과 보이지 않는 것, 보좌, 주관, 정사, 권세 등 땅과 하늘에 있는 모든 것이 그분 안에서 창조되었다. 그러나 지금 그분은 모든 권세와 위엄을 빼앗긴 채 완벽하게 연약한 상태로 세상에 드러나셨다. 여기 모든 시대를 통틀어 가장 위대한 신비가 계시되었다. 그것은 하나님이 수치를 당함으로써 우리에게 하나님의 영광을 계시하기로 작정하셨다는 것이다. 모든 아름다움이 사라진 곳에서, 모든 웅변이 잠잠해진 곳에서, 모든 화려한 것이 자취를 감춘 곳에서, 모든 칭찬이 사라진 곳에서, 하나님은 우리에게 무조건적인 사랑을 나타내기로 작정하셨다. "전에는 그의 모양이 타인보다 상하였고 그의 모습이 사람들보다 상하였으므로 많은 사람이 그에 대하여 놀랐거니와 그가 나라들을 놀라게 할 것이며 왕들은 그로 말미암아 그들의 입을 봉하리니… 우리가 보기에 흠모할 만한 아름다운 것이 없도다. 그는 멸시를 받아 사람들에게 버림받았으며 간고를 많이 겪었으며 질고를 아는 자라. 마치 사람들이 그에게서 얼굴을 가리는 것같이 멸시를 당하였고 우리도 그를 귀히 여기지 아니하였도다"(사 52:14-15; 53:2-3).

예수님은 우리의 고난을 담당하셨다. 벌거벗은 예수님의 몸은 모든 세계, 모든 시대와 모든 장소에서 인류가 겪고 있는 엄청난 격하를 보여 준다. 때로 나는 인생이 산꼭대기를 향해 가는 여정이라고 생각한다. 그곳에 도착하면 마침내 주위의 아름다움을 온전히 보게 될 것이고, 모든 감각을 통해 오로지 나 자신만을 경험하게 될 것이다. 그러나 예수님은 다른 방향을 가리키신다. 인생은 욕망과 성공과 업적을 내려놓고, 통제하려는 욕구를 포기하며, 위대해지려는 환상을 버리라는 부르심이다. 예수님이 주시는 기쁨과 평안은 낮아지는 십자가의 길 속에 숨겨져 있다. 거기에는 소망, 승리, 새로운 삶이 있지만, 그것은 우리가 모든 것을 잃는 곳에서 주어진다. "네 목숨을 잃으면 구원하리라"(눅 9:24).

나는 잃는 것을 두려워해서는 안 되며, 전부는 아니더라도 많은 것을 잃은 사람들에 대해 불쌍하다고 생각해서도 안 된다. 예수님도 옷을 빼앗기셨으므로 우리도 감히 우리의 가난과 인류의 가난을 받아들일 수 있다. 우리는 가난해진 우리 자신과 주위 사람들의 가난을 바라보며 하나님이 우리에게 보여 주시는 지극한 긍휼을 발견하게 된다. 그리고 거기서 나누어 주는 법과 용서하는 법, 돌보고 치유하는 법, 도움을 주고 사랑의 공동체를 만드는 법을 알게 될 것이다. 우리는 가난으로 인한 유대감 안에서 서로 친밀해지는 법과 즐거이 우리의 공통된 인간성을 주장하는 법을 발견한다.

11장

예수님이 십자가에 못 박히시다

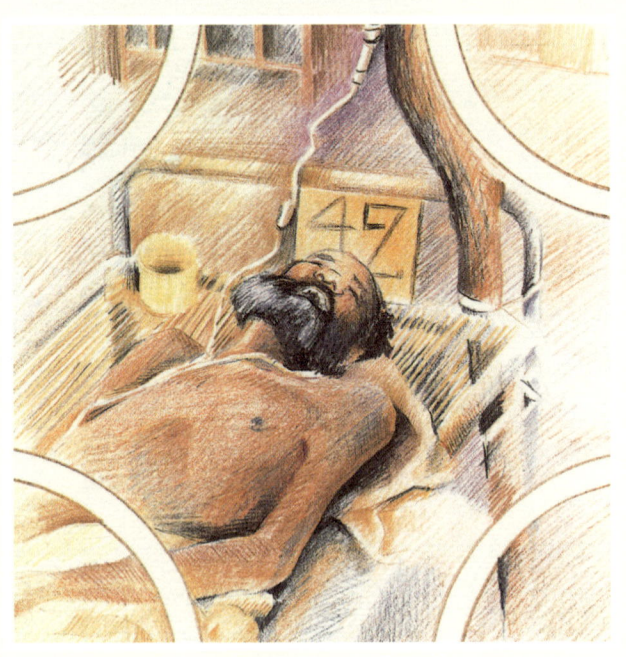

이 수단인은 죽어 가고 있다.
그는 혼자이고 이름도 없다.
그는 큰 병원에서 죽어 가는
수많은 사람 가운데 하나다. 그는 42번이다. 정맥 주사관이 그의 마지막 생명줄인 것 같다. 그러나 그것은 그를 살려 내지 못할 것이다. 그는 힘이 하나도 없다. 가느다란 팔과 쇠약해진 어깨를 보면 그가 얼마나 오랫동안 앓았는지 알 수 있다. 주위에 있는 사람들은 모두 그의 생애의 마지막 때가 다가왔음을 알고 있다. 그도 그것을 알지만, 두려워하지 않는다. 그의 인생은 수월하지 않았다. 그의 삶은 가난과 숱한 전쟁으로 얼룩진 거의 패배한 인생이었다. 그는 질병과 아픔을 두려워했다. 그러나 이제 곧 모든 것이 끝나리라는 것을 알고 평안 가운데 있다.

    매일, 매시간, 매분, 사람들이 죽어 간다. 그들은 갑자기 죽기도 하고, 천천히 죽기도 한다. 대도시의 거리에서 죽기도 하고 편안한 집에서 죽기도 한다. 외로이 죽기도 하고 친구와 가족에게 둘러싸인 채 죽기도 한다. 심한 고통 가운데 죽기도 하고 잠자는 것처럼 죽기도 한다. 번민 가운데 죽기도 하고 평화롭게 죽기도 한다. 그러나 사람은 모두 홀로 죽어서 미지의 세계에 직면한다. 죽는 것은 실로 매일의 삶의 실체다. 그러나 세상은 점점 그 실체를 부인하는 일을 진행하고 있다. 죽는 것은 종종 숨겨진 사건이 되며, 죽음은 무시되거나 거부된다. 그러나 이 수단 남자는 삶의 진리를 나타내고 있다. 모든 삶은 끝에 이르게 된다. 죽음은 삶에 속한 것이다.

예수님이 십자가에 못 박히셨다. 그분은 거기서 세 시간 동안 죽음을 향해 가셨다. 그분은 두 남자 사이에서 죽으셨다. 둘 중 하나가 다른 한 사람에게 말했다. "우리는 우리가 행한 일에 상당한 보응을 받는 것이니 이에 당연하거니와 이 사람이 행한 것은 옳지 않은 것이 없느니라"(눅 23:41). 예수님은 죽기까지 온전히 다른 사람들을 위해 사셨다. 그분의 몸은 완전히 탈진되었고, 그분은 친구들과 하나님에게조차 버림받으셨다. 이 모든 것을 통해 그분은 자신을 내어 주사 우리를 위한 선물이 되셨다. 그리고 그분이 완전히 무력한 상태로 나무에 못 박혀 돌아가실 때에도 비통함이나 복수심이나 분노가 없었다. 아무것도 남아 있지 않았다. 모든 것을 주신 것이다. "한 알의 밀이 땅에 떨어져 죽지 아니하면 한 알 그대로 있고 죽으면 많은 열매를 맺느니라"(요 12:24). 그분은 삶을 다른 사람들을 위해 내어 놓으셨기 때문에 그 삶이 풍성해졌다. 완벽하게 무죄하신 그분, 죄와 죄책과 수치심이 없으신 예수님은, 죽음이 무시되지 못하도록 극도로 고통스런 죽음을 맞이하셨지만, 생명으로 가는 문이자 새로운 사귐의 근원이 되실 수 있었다.

우리는 죽어 가는 예수님을 바라보며 죽어 가는 세상을 본다. 모든 백성을 그분께로 이끈 십자가 위에서 예수님은 수많은 사람의 죽음을 죽으셨다. 그분은 거부당한 이들, 고독한 이들, 범죄자의 죽음을 겪으셨을 뿐 아니라, 높고 권세 있고 유명하고 인기 있는 사람들의 죽음을 겪으셨다. 그리고 무엇보다도 그분의 죽음은, 일상적인 삶을 살다 늙고 쇠하여져서 여하간 자신의 삶은 헛되지 않았다고 믿는 단순한 사람들 모두의 죽음이었다.

우리는 모두 죽어야 한다. 그리고 우리는 모두 홀로 죽을 것이다. 어느 누구도 우리와 마지막 여정을 함께할 수 없다. 우리는 우리가 가진 모든 것에서 떠나야 하고 우리가 헛되지 살지 않았음을 믿어야 한다. 어쨌든 죽는 것은 인간이 경험할 수 있는 가장 위대한 순간이다. 모든 것을 주어야 하는 순간이기 때문이다. **우리가** 죽는 방식은 우리가 살아온 방식과 밀접한 관련이 있을 뿐 아니라, **우리 뒤를 따라오는 사람들이** 살아갈 방식과도 밀접한 관련이 있다. 예수님의 죽음은 죽음이 우리에게 다가오지 않는 것처럼 살아서는 안 된다는 것을 보여 준다. 그분은 하늘과 땅 사이에 매달리셔서 우리에게 요청하신다. 우리가 죽을 수밖에 없는 존재임을 직시하고 죽음이 최후의 단어가 아님을 믿으라고 말이다. 그럴 때에야 우리는 우리 세계의 죽어 가는 사람들을 바라보고 그들에게 소망을 줄 수 있다. 우리는 죽어 가는 그들의 몸을 팔로 안고, 우리 팔보다 더 강한 팔이 그들을 영접하시고 그들이 늘 소망했던 평안과 기쁨을 주실 것임을 믿을 수 있다.

죽음에 관한 한 모든 인간은 동일하다. 그리고 하나님은 우리에게 소망을 주시기 위해 바로 이 죽어 가는 인류에게로 오셨다.

12장

예수님이 십자가에서 죽으시다

죽음, 파괴, 소멸이 사방에서 우리를 에워싸고 있다. 대부분은 아니지만 상당한 자원이 인간들을 죽이기 위해 소비되고 있다. 군수 산업은 여러 나라의 국가 수입 상당분을 차지한다. 재래식 무기와 핵무기의 비축은 날마다 늘고 있으며, 경제 전체가 늘어만 가는 치사 물질 생산에 의존해 가고 있다. 많은 대학, 연구 기관, 두뇌 집단이 전쟁을 일으키는 자들로부터 재정적인 지원을 받는다. 사용된다면 죽음만을 불러올 제품 생산을 통해 매일의 삶을 영위해 나가는 사람이 수백만이나 된다.

그러나 죽음의 권세는 분명 이 잔혹한 파괴 세력보다 훨씬 더 미묘하고 널리 퍼져 있다. 우리는 가족 내의 폭력과 이웃들 사이의 폭력에서 죽음의 세력을 볼 수 있다. 또한 사람들은 긴장 해소와 여흥을 위해 죽음을 이용하기도 한다. 많은 스포츠가 죽음에 매료되어 오염되었다. 심한 부상과 죽음을 당할지도 모른다는 사실은 묘한 흥분을 일으킨다. 사람들은 목숨을 걸고 나서는 이들을 구경하는 것을 좋아하며, 그 러시안 룰

렛 게임의 암흑세계로 빠져든다. 영화, 텔레비전 시리즈, 소설 같은 여흥거리 역시 사람들로 하여금 죽음에 매료되도록 만든다. 세계는 실로 죽음의 권세에 지배되고 있다. 그 권세는 모든 인간을 자기 수하에 넣고자 한다.

예수님이 죽으셨다. 죽음의 권세가 그분을 무너뜨렸다. 두려움에 사로잡힌 빌라도의 판결, 로마 군병의 고문, 잔인한 십자가형뿐 아니라, 이 세상의 권세와 정사들이 그렇게 했다. 세상의 죽음의 권세가 그분을 죽였다. 예수님의 죽음은 그 말씀의 죽음이다. "만물이 그(그 말씀)로 말미암아 지은 바 되었으니… 그 안에 생명이 있었으니 이 생명은 사람들의 빛이라. 빛이 어둠에 비치되 어둠이 깨닫지 못하더라"(요 1:3-5).

예수님은 죽음의 권세에 의해 무너지셨지만, 자신의 죽음으로 죽음의 독을 제거하셨다. 그분은 자신을 믿는 자들에게 하나님의 자녀가 되는 권세, 다시 말해 죽음의 세력이 이를 수 없는 생명에 참여하는 권세를 주셨다. 예수님은 자신의 죽음으로 죽음의 권세를 이기셨다. 그 빛은 우리를 죽음의 권세에 항복하게 만드는 우리 마음속의 어두움, 우리를 폭력과 전쟁과 파괴의 희생자가 되게 만드는 우리 사회의 어두움을 내쫓으셨다. 그 빛은 자신의 삶을 생명의 하나님께 완전한 선물로 바친 그분에게서 비치는 빛이다. 바울은 이렇게 말한다. "우리

구주 그리스도 예수는 사망을 폐하시고 복음으로써 생명과 썩지 아니할 것을 드러내신지라"(딤후 1:10).

강력한 죽음의 권세에 대면하여 생명을 주장하기란 쉬운 일이 아니다. 전쟁, 살인, 납치, 고문, 구타 그리고 질병과 죽음을 낳는 셀 수 없이 많은 비극이 담겨 있는 신문을 펼칠 때마다, 우리는 결국 죽음의 권세가 승리하리라고 믿으려 한다. 그러나 거룩하신 그분, 예수님의 죽음은 아직도 계속 우리에게 생명을 선택하라고 요구한다. 그리스도인의 삶을 향한 엄청난 도전은 가장 사소한 것, 중요하지 않은 것에 대해서조차 생명을 주는 쪽을 선택하라는 것이다. 우리는 매순간 선택한다. 생명으로 가느냐, 생명에 반대하느냐 사이에서 선택을 하는 것이다. 나는 어떤 사람에 대해 용서하는 쪽으로 생각해야 하는가, 정죄하는 쪽으로 생각해야 하는가? 나는 용납하는 말을 해야 하는가, 거부하는 말을 해야 하는가? 나는 손을 내밀려 하는가, 등 뒤로 숨기려 하는가? 나누려 하는가, 비축해 두려 하는가? 양보하려 하는가, 집착하려 하는가? 상처를 주려 하는가, 치유하려 하는가? 우리 마음속 가장 깊은 곳의 감정에 대해서도 이런 선택을 할 수 있다. 나는 화를 낼지 감사할지 선택할 수 있고, 절망할지 소망을 가질지 선택할 수 있으며, 슬퍼할지 기뻐할지, 분노할지 평화를 유지할지 선택할 수 있다. 이런 감정들은 우리가 통제할 수 없는 파도처럼 다가올 수도 있다. 그러나…우리 안에는 우리를 깊고도 깊은 흑암의 구렁텅이로 빠트리려는 죽음의 힘을 저지하고 바른 방향을 선택할 수 있는 자리가 있다.

우리는, 우리를 핵무기로 인한 대학살의 벼랑으로 데려갈 수 있는 엄청난 흑암의 권세가 우리의 생각이나 느낌과 완전히 동떨어진 것처럼 살아가기도 한다. 그러나 이렇게 동떨어져 있다는 것은 환상이다. 죽음에 대해 조금이라도 매료되는 것과 인간의 가장 무서운 파괴는 밀접하게 연관되어 있다. 예수님은 이 연관성에 대해 아셨다. 상처 난 예수님의 마음은 우리 내부의 깊숙이 숨겨진 생각과, 파급력이 매우 큰 우리의 행동까지도 포용하는 마음이다. 예수님은 친히 죽으심으로 모든 죽음의 권세를 이기셨고 "죽기를 무서워하므로 한평생 매여 종노릇하는 모든 자들을 놓아 주셨다"(히 2:15).

13장

십자가에서 예수님을 내리다

1980년 12월, 이타 포드, 마우라 클라크, 진 도노반, 도로시 카젤이 엘살바도르의 수도 산살바도르와 공항 사이에 있는 길에서 잔인하게 살해당했다. 외국에 잠시 체류하다 집으로 돌아오는 이 네 사람을 엘살바도르 국가방위대가 저지했다. 그들은 강간당하고 고문받아 결국 살해당했다. 그리고 그들의 시체는 젖소 방목장의 한 공동묘지에 버려졌다. 그들이 무슨 죄를 지었을까? 그들은 엘살바도르의 가난한 이들을 돌보았을 뿐이다. 그들이 하려던 일은, 마을에서 쫓겨나 고립된 산간 지역에서 생존하고자 애쓰는 이들에게 식량과 약품을 전달해 주는 것이었다. 이 신실하고 열심 있는 여신도 네 명의 소망은, 억압받는 이웃들의 극심한 고통을 조금이나마 덜어 주고, 증오와 폭력 속에서도 진정으로 서로를 사랑할 수 있음을 보여 주는 것뿐이었다.

그러나 그들의 보살핌과 관심은 압제자들의 분노를 샀고, 그들의 이름은 암살 명단에 올랐다. 그들은 더 이상 용납될 수 없었고 제거되어야만 했다. 지구상에서 사라져야 했다. 그들이 존재한다는 것 자체가 생명의 적들에게는 참을 수 없는 일이었다. 증오는 노골적이었다. 그들은 즉시 죽어야만 했다.

그들이 암살된 후 사람들은 흙먼지로 덮혀 있던 그들의 시체를 발견했다. 동료들과 그 지역의 가난한 이들은 그 자리에 서서 말할 수 없는 슬픔 가운데 괴로워하며 아무런 죄 없던 여인들이 학살된 것을 바라보았다. 극심한 슬픔이 그들의 심장을 꿰뚫었고, 그 슬픔이 세상 전역에서 이런 외침으로 표현되었다. "오, 주님. 정의가 다스릴 날을 얼마나, 도대체 얼마나 더 기다려야 합니까?"

빌라도는 예수님의 죽음을 확인한 후에 그 시체를 아리마대 요셉에게 넘겨주었다. 그는 존귀한 공회원이요 "하나님의 나라를 기다리는 자였다"(막 15:43). 요셉은 "세마포를 사서 예수를 내려다가 그것으로 쌌다"(막 15:46). 그때 예수님의 어머니 마리아도 거기 있었다. 오래전 그녀는 늙은 시므온의 품에 아기를 안겨 주었을 때 이런 말씀을 들었다. "칼이 네 마음을 찌르듯 하리니"(눅 2:35). 그리고 이제 그녀가 예수님의 시체를 품에 안았을 때 이 말씀이 성취되었다. 예수님은 고통을 당하시다 돌아가셨다. 그러나 이제 어머니로서 그를 사랑한 그녀의 슬픔은 이전에 어떤 사람도 겪어 보지 못한 슬픔을 낳았다. 마리아의 슬픔은 그녀의 사랑만큼이나 깊었다. 자신의 사랑으로 하나님의 아들을 끌어안은 그녀가 이제 자신의 슬픔으로 인류 전체를 끌어안았다. 마음이 너무나 순수하여 이 세상의 구세주가 거하시기에 적절한 곳이 되었던 그녀는 이제 그 마음으로 모든 인류의 고통을 지고 모든 사람의 어머니가 되라는 부름을 받았다. 마리아는 십자가 아래 서 있었다. 마리아는 예수님의 시체를 받아서 극심한 고독 가운데 그분을 안고 있었다. 그녀가 아들을 품에 안고 있었을 때 사랑과 슬픔은 하나가 되었다. 이러한 사랑과 슬픔의 결합은 하나님의 마음 가까이에 살고자 하는 모든 사람의 내면에 계속해서 존재할 것이다.

진정으로 사랑하는 것은 슬픔까지도 기꺼이 포용하는 것이다. 마음과 뜻과 힘을 다해 하나님을 사랑하는 것은 인간이 아는 가장 심한 슬픔에 자신의 마음을 노출시키는 것이다. 네 명의 미국인 여신도는 예수님을 향한 사랑으로 세상의 가난한 이들, 특히 엘살바도르의 가난한 이들의 슬픔을 마음에 품었다. 그리고 그들의 죽음은 형제자매들의 마음에 엄청난 슬픔을 가져다주었다. 그리스도인의 삶은 예수님을 사랑하는 삶이다. "네가 나를 사랑하느냐?" 예수님은 우리에게 세 번 이렇게 물으신다. 그리고 우리가 "내가 주님을 사랑하는 줄 주님께서 아시나이다"라고 말할 때 그분은 "남이 네게 띠 띠우고 원하지 아니하는 곳으로 데려가리라"고 말씀하신다(요 21:15-18을 보라).

슬픔이 없는 사랑이나 고통이 없는 헌신은 결코 존재하지 않는다. 아무것도 잃지 않은 채 어떤 일에 개입할 수 없고, 아무런 고난도 받지 않고 베풀 수는 없다. 많은 죽음 없이 생명을 주장할 수도 없다. 슬픔을 피하고자 하면 사랑할 수 없다. 사랑이 있는 곳에는 많은 눈물도 있기 마련이다. 십자가에 정적이 감돌고 모든 것이 성취되었을 때 마리아의 슬픔은 세상 끝까지 이르렀다. 그러나 자신의 마음속 슬픔을 알게 되는 모든 이는 그것이 하나님의 사랑의 표시임을 알게 될 것이다. 그리고 그것을 인생의 숨겨진 신비로 소중히 여길 것이다.

14장

예수님을 무덤 속에 두다

젊은 엘살바도르 여인이 잔인하게 처형된 남편의 시신이 든 관 앞에 서 있다. 그녀는 관이 묻힐 무덤 근처에 홀로 서 있다. 그녀는 눈을 감고 두 팔로 몸을 감싸고 있다. 아무것도 없이 초라하게 맨발로 거기 서 있다.⋯그러나 그녀는 평온하다. 주위에는 깊은 정적이 감돈다. 슬픈 외침도, 항의의 목소리도, 성난 음성도 없다. 평안의 기운이 이 젊은 과부를 둘러싸고 있는 것 같다. 모든 것이 끝났으며 모든 것이 잠잠해졌고 모든 것이 잘 되었다. 그녀의 모든 것이 사라졌지만, 그녀가 사랑한 사람을 빼앗아 간 탐욕과 폭력의 권세는 그녀의 마음속 깊은 곳까지 이를 수는 없었다. 뒤쪽 멀리 친구들과 이웃들이 서 있다. 그들은 그녀를 보호하듯이 빙 둘러 서 있다. 그들은 그녀의 고독을 존중하고 경의를 표한다. 몇 사람은 잠잠하고, 다른 이들은 위로의 말을 속삭인다. 또 어떤 사람들은 서로에게 일어난 일을 설명하려 하며, 어떤 사람들은 서로 껴안고 운다. 그러나 그 여인은 거기 홀로 서 있다. 그녀는 죽음의 권세가 이해할 수 없는 무언가를 이해하고 있다. 그녀에게는 남편을

죽인 무기보다도 훨씬 더 강력한 믿음과 확신이 있다. 살아 있는 자의 고독과 죽은 자의 고독이 서로 인사를 나누고 있다.

〔아리마대 요셉은 예수님의 시신을〕 아직 사람을 장사한 일이 없는 바위에 판 무덤에 넣어 두니…갈릴리에서 예수와 함께 온 여자들이 뒤를 따라 그 무덤과 그의 시체를 어떻게 두었는지를 보고 돌아가 향품과 향유를 준비하더라. 계명을 따라 안식일에 쉬더라. (눅 23:53-56)

예수님의 무덤 주변에는 깊은 안식이 있었다. 하나님은 창조 사역을 마치시고 일곱째 날에 쉬셨다. "하나님이 그 일곱째 날을 복되게 하사 거룩하게 하셨으니 이는 하나님이 그 창조하시며 만드시던 모든 일을 마치시고 그 날에 안식하셨음이니라"(창 2:3). 예수님은 아버지께서 보내사 하라고 하신 모든 일을 완수하시고, 우리의 구속이 이루어지는 그 주간의 일곱째 날에 무덤에서 쉬셨다. 슬픔으로 마음에 상처를 입은 여인들도 그분과 함께 쉬었다. 역사의 모든 날 중 이 성 토요일은 하나님의 고독의 날이었다. 그 토요일에 예수님의 시신은 입구를 막기 위해 굴려 놓은 큰 돌 뒤편 적막하고 어두운 무덤에 놓여 있었다(막 15:46). 그날은 모든 피조물이 내면의 깊은 안식 가운데 기다린 날이다. 어떤 말이나 선언도 없던 날이다.

만물이 그로 말미암아 지은 바 된 하나님의 말씀이 이 땅의 어두운 곳에 장사되었다. 이 성 토요일은 모든 날 중 가장 적막한 날이다. 이 적막함은 첫 언약과 둘째 언약을, 이스라엘 백성과 아직 알지 못하는 세계를 연결시킨다. 그리고 성전과 성령 안에서 드리는 새로운 예배를, 피의 희생과 떡과 포도주의 희생을, 율법과 복음을 연결시킨다. 이 신적인 침묵은 이 세상에 존재했던 침묵 가운데 열매가 가장 많은 침묵이다. 침묵으로부터, 그 말씀은 다시 말씀하시고 모든 것을 새롭게 하실 것이다.

우리는 침묵과 고독 가운데서 안식하시는 하나님에 대해 많은 것을 배워야 한다. 남편의 무덤 곁에 있던 엘살바도르 여인은 그 안식에 대해 알고 있었다. 그녀는 그 안식에 참여하였고 그것이 그녀에게 결실을 맺게 해 주리라는 것을 믿었다. 우리는 세상일에 대한 염려에 둘러싸여 있다 할지라도 이 여인처럼 하나님의 침묵과 고독 안에서 안식할 수 있고 그 안식이 우리 안에서 결실을 맺도록 할 수 있다. 이것은 바쁘지 않은 것과는 상관없는 안식이다. 물론 바쁘지 않은 것이 안식의 표시는 될 수 있지만 말이다. 하나님의 안식은 우리가 죽음의 세력에 둘러싸여 있을 때조차도 지속될 수 있는 마음 깊은 곳의 안식이다. 우리가 그 방법과 시기에 대해서 말할 수 없을지라도, 그것은 우리 안에 숨겨진 존재, 대개 눈에 보이지 않는 그 존재가 열매를 맺으리라는 소망을 준다. 그것은 상황이 좋아지지 않거나 고통스런 상황이 해결되지 않거나 폭동과 전쟁이 우리의 일생생활의 리듬을 계속 파괴할 때조차도 평안하고 기쁜 마음으로 살 수 있게 하는 믿음의 평안이다. 예수님의 성령 안에서 사는 사람은 누구나 이 신적인 평안을 알고 있다. 그들의 삶에 나타나는 특징은 잠잠함이나 수동성이나 포기가 아니다. 반대로 그들의 특징은 정의와 평화를 위해 창조적으로 행동하는 것이다. 그러나 그 행동은 그들 마음속에 있는 하나님의 안식으로부터 나오며, 강박관념이나 충동과는 거리가 멀고 확신과 믿음으로 충만하다.

우리는 살면서 무슨 행동을 하든지 하지 않든지 항상 성 토요일―예수님이 무덤에 누우시고 모든 피조물이 새롭게 되기를 기다린 그날―의 안식과 연결되어 있어야 한다.

15장
예수님이 부활하시다

남미의 이 인디언 부족은
내면의 기쁨과 평안을 표현하고 있다.
짚을 교차시켜서 만든 십자가는
그들의 고생과 고투를 상징한다. 그들이 흔들고 있는 기다란 종려나무 잎은 그들이 성공과 승리를 인식하고 있음을 나타낸다. 그렇다. 슬픔이 있지만 즐거움도 있다. 비통함이 있지만 기쁨 또한 있다. 두려움이 있지만 사랑도 있다. 고된 수고가 있지만 축하가 뒤따른다. 그리고 죽음이 있지만 부활이 있다.

 열을 지어 걷고 있는 남녀들의 미소, 역경을 뚫고 나온 얼굴에 드러난 그 미소는 부활에 대한 깊은 신앙을 말해 준다. 그것은 생명이 죽음보다 더 강하다는 사실을 믿는 신앙일 뿐 아니라 영원히 지속될 기쁨을 조금 맛보여 주는 신앙이다. 가난한 이들의 눈은 소망으로 인해 빛을 발하게 되고 자기중심적인 인류의 제한된 비전을 훨씬 넘어서는 지평을 연다. 이 세상의 가난한 이들의 마음에는 부활 신앙이 있다. 그것은 창조된 모든 것이 소비되기 위해서가 아니라 새 하늘과 새 땅으로 변형되기 위해 지어진 것임을 아는 신앙이다. 볼리비아, 페루, 네

팔, 파키스탄, 부룬디, 수단을 비롯하여 이 행성 전체에 사는 가난한 이들의 얼굴에서 드러난 아름다운 미소는 부활의 실체를 희미하게나마 보여 준다. 그들의 미소는, 영원히 지속되는 진정한 사랑을 아는 자의 마음 깊은 곳에서 우러나온 것이다.

그 주의 첫날 아침, 막달라 마리아와 야고보의 어머니 마리아 그리고 살로메는 무덤이 비어 있음을 발견했고 흰 옷을 입은 청년이 "그가 여기 계시지 않다"고 말하는 것을 들었다. 두 제자 베드로와 요한은 무덤에 들어가 거기 있는 세마포와 예수님의 머리를 쌌던 수건을 보았다. 막달라 마리아는 그분이 그녀의 이름을 부르는 소리를 들었고, 글로바와 그의 친구는 엠마오에서 예수님이 떡을 떼어 주실 때 그분을 알아보았다. 같은 날 저녁, 그분은 제자들 가운데 오셔서 "너희에게 평강이 있을지어다"라고 말씀하시고 손과 옆구리를 보여 주셨다.

이런 일이 일어남에 따라 성 토요일의 침묵으로부터 새로운 말들이 터져 나와서 예수님을 알고 사랑했던 남녀의 마음과 심령을 어루만졌다. 그 말은 바로 이것이었다. "예수님이 살아나셨다. 정말 살아나셨다." 이 말은 옥상에서 외쳐지지도 않았고 도시 곳곳에 게시되지도 않았다. 그 소식은 한 사람이 다른 사람에게 귓속말로 전해 준 것이다. 그것은 하나님 나라의 도래를 열망하던 심령들, 곧 나사렛에서 난 이의 말과 행동에서 그 첫 징조를 인식했던 심령들만이 진정 이해할 수 있고

들을 수 있었던 깊은 메시지였다.

여러 세대를 거쳐 세상의 한쪽 끝에서 다른 쪽으로 조용히 전해진 그 소식을 받아들인 사람에게는 모든 것이 똑같지만 모든 것이 다르다. 나무도 그대로이고, 강도 산도 그대로이며 사람들은 여전히 사랑과 두려움 중 하나를 선택할 수 있다. 그러나 이 모든 것이 부활하신 예수님의 몸을 통해 높이 올리어져서 하나님의 우편에 놓여 있다. 탕자는 아버지의 사랑이 가득한 품 안에 있으며, 작은 아이는 그 어머니의 팔에 안겨 있다. 진정한 상속자는 가장 좋은 옷과 귀한 반지를 받을 것이며 형제자매가 같은 식탁에 초대될 것이다. 모든 것이 똑같지만 모든 것이 새로워진다. 부활 신앙을 가지고 살면 우리 짐은 가벼워지고 우리 멍에는 쉬워진다. 영원토록 아버지에게 속하신 예수님의 온유하고 겸손한 마음에서 참된 안식을 찾았기 때문이다.

이제 다시, 조용하지만 담대하게 말할 때다. 침묵으로부터 새로운 말이 나왔다. 가난한 자에게 복음이, 포로된 자에게 자유가, 눈먼 자에게 다시 보게 됨이, 눌린 자에게 자유가 주어지며, 주의 은혜의 해가 선포된다.

그래서 하나님의 미소와 하나님의 백성의 미소가 서로에게 이르고, 어둠 속에서 빛나는 영원한 빛 가운데 하나가 된다.

기도

사랑의 예수님,

당신은 이전에 사형 선고를 받으셨습니다. 그리고 아직도 그 선고를 받고 계십니다. 당신은 이전에 십자가를 지셨습니다. 그리고 아직도 십자가를 지고 계십니다. 당신은 이전에 죽으셨습니다. 그리고 아직도 죽어 가고 계십니다. 당신은 이전에 죽은 자 가운데서 살아나셨습니다. 그리고 아직도 죽은 자 가운데서 살아나고 계십니다.

저는 당신을 바라봅니다. 당신은 제 눈을 여셔서 당신의 수난, 죽음, 부활이 우리 가운데서 매일 일어나는 것을 보게 하셨습니다. 그러나 제 안에는 우리 세상을 바라보는 것에 대한 깊은 두려움이 있습니다. 당신은 제게 말씀하십니다. "바라보고 어루만지고 치유하고, 위로하고 위안 주는 것을 두려워하지 말라." 저는 당신의 음성을 듣습니다. 그리고 고통당하고 있지만 또한 소망을 가지고 살아가는 사람들 속으로 더 깊이 들어갈수록 당신의 마음에 더 깊이 들어간다는 것을 알고 있습니다.

사랑의 주님, 고통당하는 세상을 바라보는 일을 두려워하는 것은 제 자신의 염려하는 마음 때문입니다. 저는 제가 진정 사랑받고 있는지, 주님이 저를 안전하게 붙들고 계신지 그래서 다른 사람들의 두려움 가득한 삶과 거리를 유지할 수 있을지 잘 모르겠습니다. 그러나 당신은 거듭 말씀하십니다. "내가 너의 상처 난 마음을 보는 것을 두려워하지 말아라. 너를 감싸 안고 너를 치유하고 너를 위로하고 너에게 위안이 되려 하는 것을 두려워하지 말아라. 나는 너를 한이 없고 조건 없는 사랑으로 사랑하기 때문이다."

이렇게 말씀해 주셔서 감사합니다, 주님. 그래서 저는 당신이 제 상처 난 마음을 치유하시기를 원합니다. 그리고 거기서부터 가까이 혹은 멀리 있는 다른 사람에게 이르게 되기를 원합니다.

주님, 당신은 온유하시고 마음이 겸손하시며, "수고하고 무거운 짐진 자들아 나 내게로 오라. 내가 너희를 쉬게 하리라"고 말씀하시는 분임을 제가 압니다.

당신의 수난, 죽음, 부활이 역사 속에서 계속될 때, 제게 소망과 용기와 확신을 주십시오. 당신의 마음으로 인해 제 마음과 고통당하는 당신의 모든 백성의 마음이 하나가 되게 하시고 그리하여 우리가 새로운 삶의 신적인 근원이 되게 하소서.

아멘.

옮긴이 김명희는 연세대 영어영문학과를 졸업했고, IVP 편집부장으로 일했다. 역서로는 『제자도』 『이는 내 사랑하는 자요』 『영성에의 길』 『너의 죄를 고백하라』 (이상 IVP) 등이 있다.

예수님과 함께 걷는 삶

초판 발행_ 2000년 10월 15일
초판 13쇄_ 2013년 10월 30일
개정판 발행_ 2020년 5월 20일

지은이_ 헨리 나우웬
옮긴이_ 김명희
펴낸이_ 신현기

펴낸곳_ 한국기독학생회출판부
등록번호_ 제313-2001-198호(1978.6.1)
주소_ 04031 서울 마포구 동교로 156-10
대표 전화_ (02)337-2257 팩스_ (02)337-2258
영업 전화_ (02)338-2282 팩스_ 080-915-1515
홈페이지_ http://www.ivp.co.kr 이메일_ ivp@ivp.co.kr
ISBN 978-89-328-1760-6

ⓒ 한국기독학생회출판부 2020

책값은 뒤표지에 있습니다.
무단 전재와 복제를 금합니다.